En Construcción
Curso de la Especialidad Ministerio Juvenil

Iglesia del Nazareno
Región Mesoamérica

Milton Gay
Coordinador General de la Especialidad

En Construcción

Libro de la serie "Escuela de Liderazgo"
Especialidad Ministerio Juvenil

Coordinador General de la Especialidad: Milton Gay
Asistente: Odily Diaz

Autores:
Edgar M. Corzo García (Lección 1)
Rosario Xuc (Lección 2)
Jony Bernal (Lección 3)
Rudy Larios (Lección 4)
Odily Díaz (Lecciones 5, 6)
Lisa Aparicio (Lección 7)
Luis Flores (Lección 8)

Edición: Dra. Mónica E. Mastronardi de Fernández
Revisor: Dr. Rubén E. Fernández

Material producido por EDUCACIÓN Y DESARROLLO PASTORAL de la Iglesia del Nazareno, Región Mesoamérica - www.edunaz.org
Dirección postal: Apdo. 3977 – 1000 San José, Costa Rica, América Central.
Teléfono (506) 2285-0432 / 0423 - Email: EL@mesoamericaregion.org

Publica y distribuye Asociación Región Mesoamérica
Av. 12 de Octubre Plaza Victoria Locales 5 y 6
Pueblo Nuevo Hato Pintado, Ciudad de Panamá
Tel. (507) 203-3541 - E-mail: literatura@mesoamericaregion.org

Copyright © 2017 - Derechos reservados
Queda prohibida la reproducción parcial o total, por cualquier medio, sin el permiso escrito de Educación y Desarrollo Pastoral de la Iglesia del Nazareno, Región Mesoamérica.
www. mesoamericaregion.org

Todas las citas son tomadas de la Nueva Versión Internacional 1999 por la Sociedad Bíblica Internacional, a menos que se indique lo contrario.

Diseño de portada: Juan Manuel Fernández (www.juanfernandez.ga)

Imagen de portada por Contando Estrelas
Utilizada con permiso (Creative Commons).
Imágenes interiores usadas con permiso (Creative Commons).

Índice de las lecciones

Lección 1	Planeación estratégica	9
Lección 2	La agenda como una herramienta	17
Lección 3	Presupuesto para la obra	25
Lección 4	Los materiales	35
Lección 5	Los albañiles	43
Lección 6	Programas de la JNI	51
Lección 7	Técnicas de construcción	59
Lección 8	Dirección y cuidado	67

Presentación

La serie de libros Escuela de Liderazgo ha sido diseñada con el propósito de proveer una herramienta a la iglesia para la formación, capacitación y entrenamiento de sus miembros a fin de integrarlos activamente en el servicio cristiano conforme a los dones y el llamado (vocación) que han recibido de su Señor.

Cada uno de los libros provee el material de estudio para un curso del programa Escuela de Liderazgo patrocinado por las Instituciones Teológicas de habla hispana de la Región Mesoamérica de la Iglesia del Nazareno. Éstas son: IBN (Cobán, Guatemala); STN (Ciudad de Guatemala); SENAMEX (Ciudad de México, México); SENDAS (San José, Costa Rica); SND (Santo Domingo, República Dominicana) y SETENAC (La Habana, Cuba). Un buen número de los y las líderes de estas instituciones (rectores, directores, vicerrectores y directores de estudios descentralizados) participaron activamente en el diseño del programa.

La Escuela de Liderazgo cuenta con cinco Cursos Básicos, comunes a todos los ministerios, y seis Cursos Especializados para cada ministerio, al final de los cuáles la Institución Teológica respectiva le otorga al estudiante un certificado (o diploma) en Ministerio Especializado.

El objetivo general de la Escuela de Liderazgo es: "Colaborar con la iglesia local en el equipamiento de los "santos para la obra del ministerio", cimentando en ellos un conocimiento bíblico teológico sólido y desarrollándolos en el ejercicio de sus dones para el servicio en su congregación local y en la sociedad." Los objetivos específicos de este programa son tres:

- Desarrollar los dones del ministerio de la congregación local.
- Multiplicar ministerios de servicio en la iglesia y la comunidad.
- Despertar la vocación al ministerio profesional diversificado.

El objetivo de esta Especialidad titulada "Ministerio Juvenil" es el de capacitar a los líderes emergentes, que desean participar en el cumplimiento de nuestra misión de "llamar a nuestra generación a una vida dinámica en Cristo". Las lecciones en estos seis libros han sido escritas por líderes juveniles con experiencia a lo largo de la región de Mesoamérica y es el deseo de los autores que cada estudiante reciba una visión enriquecida sobre la cultura juvenil, consejería, trabajo en equipo y otros temas de importancia. Deseamos que Dios sea glorificado a través de estos cursos y que cada estudiante crezca en su preparación, extendemos un agradecimiento especial a los licenciados Yeri Nieto, Josué Villatoro y Odily Díaz por su esfuerzo y dedicación en este proyecto.

Agradecemos a la Dra. Mónica Mastronardi de Fernández por su dedicación como Editora General del proyecto, a los Coordinadores Regionales de Ministerios y al equipo de escritores y diseñadores que colaboraron para la publicación de estos libros. Agradecemos de igual manera a los profesores y profesoras que compartirán estos materiales. Ellos y ellas harán la diferencia en las vidas de miles de personas a lo largo y ancho de Mesoamérica.

Finalmente, no podemos dejar de agradecer al Dr. Rubén Fernández, Coordinador de Educación y Desarrollo Pastoral por el impulso dado a la publicación de estos materiales, y al Dr. L. Carlos Sáenz, Director Regional MAR, por su respaldo permanente en esta tarea, fruto de su convicción de la necesidad prioritaria de una iglesia equipada de manera integral.

Oramos por la bendición de Dios para todos los discípulos y todas las discípulas cuyas vidas y servicio cristiano serán enriquecidos por estos libros.

Rev. Milton Gay
Coordinador de Juventud Nazarena Internacional
Región Mesoamérica

¿Qué es la Escuela de Liderazgo?

Escuela de Liderazgo es un programa de educación para laicos en las diferentes especialidades ministeriales para involucrarlos en la misión de la iglesia local. Este programa es administrado por las Instituciones Teológicas de la Iglesia del Nazareno en la Región Mesoamérica e impartido tanto en sus sedes como en las iglesias locales inscriptas.

¿Para quiénes es la Escuela de Liderazgo?

Para todos los miembros en plena comunión de las iglesias del nazareno quienes habiendo participado en los niveles B y C del programa de discipulado, desean de todo corazón descubrir sus dones y servir a Dios en su obra.

Plan ABCDE

Para contribuir a la formación integral de los miembros de sus iglesias, la Iglesia del Nazareno de la Región Mesoamérica ha adoptado el plan de discipulado ABCDE, y desde el año 2001 ha iniciado la publicación de materiales para cada uno de estos niveles. La Escuela de Liderazgo corresponde al Nivel D del plan de discipulado ABCDE y ha sido diseñada para aquellos que ya han pasado por los anteriores niveles de discipulado.

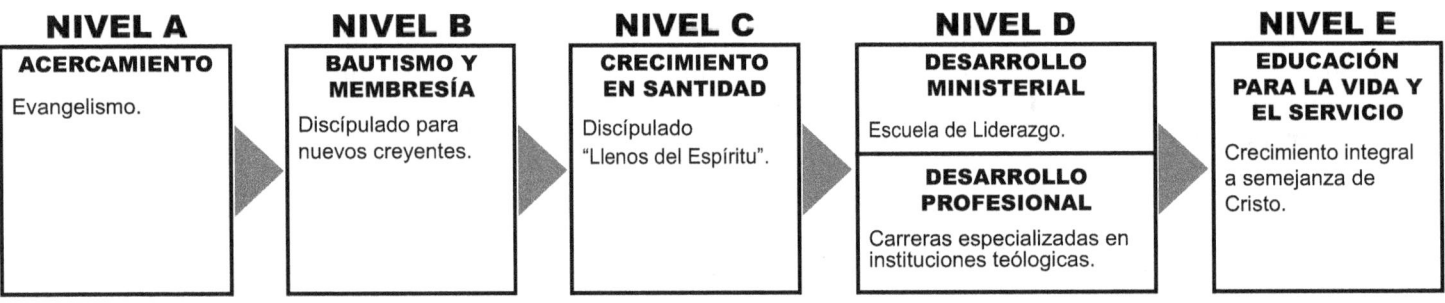

En la Iglesia del Nazareno creemos que hacer discípulos a imagen de Cristo en las naciones es el fundamento de la obra misional de la Iglesia y responsabilidad de su liderazgo (Efesios 4:7-16). La labor de discipulado es continua y dinámica, es decir el discípulo nunca deja de crecer a semejanza de su Señor. Este proceso de crecimiento, cuando es saludable, ocurre en todas dimensiones: en la dimensión individual (crecimiento espiritual), en la dimensión corporativa (incorporación a la congregación), en la dimensión santidad de vida (transformación progresiva de nuestro ser y hacer conforme al modelo de Jesucristo) y en la dimensión servicio (invertir la vida en el ministerio).

Dra. Mónica Mastronardi de Fernández
Editora General Libros de Escuela de Liderazgo

¿Cómo usar este libro?

Este libro que tiene en sus manos es para el curso introductorio: Descubriendo mi Vocación en Cristo, del programa Escuela de Liderazgo. El objetivo de este curso es ayudar a los miembros de las iglesias del Nazareno a descubrir sus dones y su llamado ministerial, y al mismo tiempo animarlos a matricularse en la Escuela de Liderazgo a fin de capacitarse para servir al Señor en su iglesia local.

¿Cómo están organizados los contenidos de este libro?

Cada una de las ocho lecciones de este libro contiene lo siguiente:

> **Objetivos:** estos son los objetivos de aprendizaje que se espera que el alumno alcance al terminar el estudio de la lección.

> **Ideas Principales:** Es un resumen de las enseñanzas claves de la lección.

> **Desarrollo de la lección:** Esta es la sección más extensa pues es el desarrollo de los contenidos de la lección. Estas lecciones se han escrito pensando en que el libro es el maestro, por lo que su contenido se expresa en forma dinámica, en lenguaje sencillo y conectado con las ideas del mundo contemporáneo.

> **Notas y comentarios:** Los cuadros al margen tienen el propósito de aclarar términos y proveer notas que complementan o amplían el contenido de la lección.

> **Preguntas:** En ocasiones se incluyen preguntas al margen que el profesor puede usar para introducir, aplicar o reforzar un tema de la lección.

> **¿Qué aprendimos?:** En un recuadro que aparece al final del desarrollo de la lección se provee un resumen breve de lo aprendido en la misma.

> **Actividades:** Esta es una página al final de cada lección que contiene actividades de aprendizaje individuales o grupales relativas al tema estudiado. El tiempo estimado para su realización en clase es de 20 minutos.

> **Evaluación final del curso:** Esta es una hoja inserta en la última página del libro y que una vez completada el alumno debe separar del libro y entregar a profesor del curso. La duración estimada para esta actividad de reforzamiento final es de 15 minutos.

¿Cuánto dura el curso?

Este libro ha sido diseñado para que el curso pueda enseñarse en diferentes modalidades:

<u>Como curso de 8 sesiones:</u>

En total se requieren 12 horas de clase presencial repartidas en 8 sesiones de 90 minutos. Los días y horarios serán coordinados por cada Institución Teológica y cada iglesia o centro local de estudios. Dentro de esta hora y media el profesor o la profesora debe incluir el tiempo para las actividades contenidas en el libro.

<u>Como taller de 3 sesiones:</u>

- Sesión plenaria de 90 minutos (lección 1).
- Seis talleres de 90 minutos cada uno. Los participantes asisten a uno de estos talleres conforme a sus dones más fuertes (lecciones 2 a 7).

- Última plenaria de 90 minutos (lección 8).

Ejemplo de cómo distribuir el tiempo para taller de un sábado:

Taller: Descubra su vocación en Cristo

8:00 am	Inscripción
8:30 a 10:00 am	Plenaria: Descubre tus dones espirituales
10:00 a 10:30 am	Receso
10:30 a 12:00 am	Talleres sobre Especialidades Ministeriales
12:00 a 1:00 pm	Almuerzo
1:00 a 2:30 pm	Plenaria ¿Cuál es mi función en el Cuerpo de Cristo?
2:30 a 3:00 pm	Receso
3:00 a 4:00 pm	Presentación de Escuela de Liderazgo y Prematrícula para Cursos Básicos

¿Cuál es el rol del alumno?

El alumno es responsable de:

1. Matricularse a tiempo en el curso.
2. Adquirir el libro y estudiar cada lección antes de la clase presencial.
3. Asistir puntualmente a las clases presenciales.
4. Participar en las actividades en clase.
5. Participar en la práctica ministerial en la iglesia local fuera de clase.
6. Completar la evaluación final y entregarla al profesor.

¿Cuál es el rol del profesor del curso?

Los profesores y las profesoras para los cursos de Escuela de Liderazgo son pastores/as y laicos comprometidos con la misión y ministerio de la Iglesia y de preferencia que cuentan con experiencia en el ministerio que enseñan. Ellos son invitados por el/la Director/a de Escuela de Liderazgo de la iglesia local (o Institución Teológica) y sus funciones son:

1. Prepararse con anterioridad estudiando el contenido del libro y programando el uso del tiempo en la clase. Al estudiar la lección debe tener a mano la Biblia y un diccionario. Aunque en las lecciones se usa un vocabulario sencillo, se recomienda "traducir" lo que se considere difícil de entender a los alumnos y alumnas, o sea, poner la lección en el lenguaje que ellos y ellas comprenden mejor.

2. Velar para que los/as alumnos/as estudien el material del libro y alcancen los objetivos de aprendizaje.

3. Planear y acompañar a los estudiantes en las actividades de práctica ministerial. Estas actividades deben programarse y calendarizarse junto al pastor local y el/la director/a del ministerio respectivo. Para estas actividades no debe descontarse tiempo a las clases presenciales.

4. Llevar al día la asistencia y las calificaciones en el formulario de Informe de clase. El promedio final será el resultado de lo demostrado por el/la estudiante en las siguientes actividades:

   a. Trabajo en clase

b. Participación en la práctica ministerial fuera de clase.

   c. Evaluación final

5. Recoger las hojas de "Evaluación", entregarlas junto al formulario "Informe de clase" al finalizar el curso al/ a la director/a de Escuela de Liderazgo local, esto después de evaluar, cerrar los promedios y verificar que todos los datos estén completos en el formulario.

6. Los profesores y las profesoras no deben agregar tareas de estudio o lecturas aparte del contenido del libro. Si deben ser creativos/as en el diseño de actividades de aprendizaje en clase y en planear actividades ministeriales fuera de clase conforme a la realidad de su iglesia local y su contexto.

¿Cómo enseñar una clase?

Se recomienda usar los 90 minutos de cada clase presencial de la siguiente manera:

- **5 minutos:** Enlace con el tema de la lección anterior y orar juntos.

- **30 minutos:** Repaso y discusión del desarrollo de la lección. Se recomienda usar un bosquejo impreso, pizarra o cartulina u otro disponible, usar dinámicas de aprendizaje y medios visuales como gráficos, dibujos, objetos, láminas, preguntas, asignar a los alumnos que presenten partes de la lección, etc. No se recomienda usar el discurso o que el maestro lea nuevamente el contenido de la lección.

- **5 minutos:** Receso ya sea en el medio de la clase o cuando sea conveniente hacer un corte.

- **20 minutos:** Trabajo en las actividades del libro. Esto puede realizarse al inicio, en el medio o al final del repaso, o bien se pueden ir completando actividades a medida que avanzan en los temas y conforme éstas se relacionan con los mismos.

- **20 minutos:** Discusión sobre la práctica ministerial que hicieron y que tendrán. Al inicio del curso se deberá presentar a los estudiantes el calendario de la práctica del curso para que ellos hagan los arreglos para poder asistir. En las clases donde se hable sobre la práctica que ya hicieron, la conversación debe ser dirigida para que los alumnos compartan lo que aprendieron; tanto de sus aciertos, como de sus errores, así como de las dificultades que se presentaron.

- **10 minutos:** Oración por los asuntos surgidos de la práctica (desafíos, personas, problemas, metas, agradecimiento por los resultados, entre otros).

¿Cómo hacer la evaluación final del curso?

Asigne 15 minutos de tiempo a los y las estudiantes en la última clase del curso. Si fuera necesario ellos y ellas pueden consultar sus libros y Biblias. Las evaluaciones finales se han diseñado para ser una actividad de reforzamiento de lo aprendido en el curso y no una repetición memorística de los contenidos del libro. Lo que se propone con esta evaluación es medir la comprensión y la valoración del estudiante hacia los temas tratados, su crecimiento espiritual, su progreso en el compromiso con la misión de la iglesia local y su avance en experiencia ministerial.

Actividades de práctica ministerial

Las siguientes son actividades sugeridas para la práctica ministerial fuera de clase. En la lista abajo se incluyen varias ideas para ayudar a los profesores, pastores, director de Escuela de Liderazgo local y directores locales de ministerio. De ellas se puede escoger las que más se adapten a la realidad contextual y el ministerio de la iglesia local o bien pueden ser reemplazadas por otras conforme a las necesidades y posibilidades.

Se recomienda tener no menos de tres actividades ministeriales por curso. Puede poner a toda la clase a trabajar en un mismo proyecto o asignar tareas en grupos según sus intereses, dones y habilidades. Es recomendable involucrar a los alumnos y alumnas en una variedad de experiencias ministeriales que sean nuevas para ellos y ellas.

Actividades ministeriales sugeridas para el curso En Construcción

1. Preparar una serie de 6 a 8 lecciones sobre: Los valores cristianos que perduran, para enseñar en una clase para niños, adolescentes o jóvenes.

2. Organizar un taller invitando a un hermano experto de la congregación sobre el tema: Principios de planeación estratégica aplicada al ministerio de la iglesia.

3. Organizar un taller invitando a un hermano experto de la congregación sobre el tema: Elaboración de presupuestos ministeriales.

4. Invite a un líder de la JNI distrital, de su país o área para tener juntos un desayuno o tarde de café con los jóvenes de la iglesia y aprender más acerca de los programas y recursos disponibles para el ministerio de la JNI.

5. Preparar una exposición apoyada con imágenes en Power Point para enseñar e involucrar a la congregación en la misión y visión del ministerio juvenil.

6. Desarrollar una serie de actividades creativas para recaudar fondos para un proyecto específico de la JNI local (vea lección 3).

7. Invitar a los padres, abuelos y familiares de los adolescentes y jóvenes para una tarde de café con el objeto de compartir con ellos acerca de los planes y proyectos de la JNI para los próximos meses y conseguir su apoyo en oración, acompañamiento y ayuda financiera.

8. Comience un grupo pequeño semanal para adolescentes o jóvenes con el objeto de proveer cuidado fastoral y facilitar el crecimiento y la formación de sus miembros (vea lección 8).

Lección 1

PLANEACIÓN ESTRATÉGICA

Objetivos

- Aplicar las fases iniciales de la planeación estratégica.
- Identificar los valores importantes para el grupo juvenil.
- Escribir la misión y visión del ministerio juvenil local.

Ideas Principales

- La planeación estratégica nos ayudará a dar dirección y sentido al quehacer del ministerio en la iglesia.
- La planificación para todo ministerio comienza definiendo los valores, la misión y la visión.

Introducción

No es común que un día salgamos de casa y comencemos a caminar sin rumbo, sin saber adonde vamos. Tristemente algo semejante se da, no pocas veces, en nuestra iglesia. Realizamos cada año un sinfín de actividades sin ponernos a reflexionar en su propósito y en lo que vamos a lograr con todo ese esfuerzo invertido.

Es por eso que necesitamos estudiar el proceso de planeación estratégica, ya que nos ayudará a dar dirección y sentido al quehacer del ministerio en la iglesia. En la presente lección haremos una descripción básica de lo que la planeación estratégica significa para un ministerio o comunidad y daremos un breve recorrido por sus fases iniciales.

Planeación estratégica: el timón del barco

En esta primera sección veremos lo que significa planeación estratégica.

Planificación estratégica es el camino que se elige para poner en práctica la misión de la organización, utilizando los recursos humanos, físicos y financieros en la forma más efectiva y eficiente posible (CIESI, 2012).

En primer lugar, cuando hablamos de planeación estratégica nos referimos a un conjunto de lineamientos que dirige la toma de decisiones en una organización. En otras palabras es como el timón de un barco, lo que le da dirección. La raíz griega de la palabra estrategia proviene del leguaje militar; describe el arte de la dirección militar, para conducir operaciones de combate a gran escala con el objetivo, obviamente, de alcanzar la victoria.

El proceso de planeación en una organización se realiza por un equipo de trabajo con el objetivo de determinar los propósitos de dicha organización, así como algunos cursos de acción para su consecución. En el proceso de planeación estratégica se toman acuerdos sobre los objetivos a alcanzar, los plazos de tiempo, los recursos a utilizar y el capital humano.

En el proceso inicial de la planeación estratégica será fundamental responder a tres preguntas:

1. ¿Quiénes somos? La respuesta clarificará nuestra identidad como organización.

2. ¿Hacia dónde vamos? Esta pregunta nos ayudará a definir hacia dónde nos dirigimos, cuales son las metas que queremos alcanzar en el futuro.

3. ¿Cómo lo haremos? La respuesta nos llevará a identificar la estrategia que vamos a poner en práctica para alcanzar las metas.

Es necesario señalar que para que el proceso de planeación estratégica se realice apropiadamente, es indispensable un equipo de trabajo. La planeación en la iglesia, como en cualquier organización, no puede ser tarea de una persona, se requiere que sea el producto de un grupo de personas. En este equipo deben incluírse líderes estrategas, personas que aporten experiencia y conocimiento y sobretodo personas comprometidas. Tenemos que reconocer que personas con este perfil no las hallamos con tanta facilidad en todas partes; a menudo es tarea del líder formar a las personas que pueden llegar a integrar un equipo de planeación.

La planeación en la iglesia es, en muchos sentidos, un proceso diferente al que se da en la planeación empresarial, por ejemplo, podemos ver la diferencia en el inicio de este proceso. Mientras que en la administración empresarial el proceso inicia con un diagnóstico acerca de: ¿qué se necesita para vender un producto o servicio?, en el ministerio de la iglesia iniciamos clarificando las bases del ministerio: ¿quiénes somos y para qué estamos aquí?

> La Planificación Estratégica tiene que ver con:
> La definición del rumbo que se quiere seguir.
> La identificación de los mejores cursos de acción.
> La implementación de un esquema de monitoreo y evaluación que de cuenta de los logros e identifique posibles desvíos.

Valores: lo que realmente importa

Ahora vamos a ver lo prioritario en toda planeación.

Aubrey Malphurs señala que todo proceso de planeación debe iniciar identificando tres estrategias maestras: los valores, la misión y la visión del ministerio.

Comenzaremos con el descubrimiento de los valores. Se puede definir un valor como algo muy importante, vital y fundamental para la organización o ministerio; es algo que, como su nombre lo indica, "tiene valor para nosotros". Los valores responden a la pregunta: ¿Qué es lo verdaderamente importante en nuestro ministerio?

Los valores son fines, no medios; son funciones, no formas. Son el fundamento de la misión y la visión y junto con ellos forman la ideología del ministerio. Lyle Schaller apunta que los valores son el elemento más importante de cualquier cultura colectiva, congregacional o denominacional.

Algunas características de los valores son las siguientes:

- Son constantes: no cambian con el tiempo, son fundamentos que perduran.

Lección 1 - Planeación estratégica

- Son apasionantes: tienen la capacidad de inspirar.

- Son bíblicos: no se inventan o extraen de otra parte, tienen su fundamento en la Palabra de Dios.

- Son creencias principales: son los credos más importantes del ministerio.

- Impulsan el ministerio: son el motor de la misión y la visión.

Otro aspecto importante a señalar respecto a los valores, es que estos no se inventan, sino que se descubren. Los valores ya están allí, inmersos en lo que hacemos, pensamos y decimos; todo el actuar de un individuo u organización tiene que ver con sus valores, sean conscientes de ellos o no.

Un valor es algo muy importante, vital y fundamental para el ministerio; responde a la pregunta: ¿Qué es lo verdaderamente importante en nuestro ministerio?

Existen distintos tipos de valores, los que se clasifican en las siguientes categorías:

1. Conscientes versus inconscientes

Algunos valores se conocen, se tiene noción de que están allí; mientras que otros permanecen ocultos.

2. Compartidos versus no compartidos

Hay valores en los que todos en la organización están en acuerdo, mientras que otros serán aprobados por unos y no por otros.

3. Personales versus organizacionales

Hay valores que son creencias individuales, una filosofía de vida; y hay otros que son propios únicamente de la organización.

4. Deseados versus reales

Hay valores que queremos tener, en el plano idealista; pero hay otros que son los que realmente se tienen.

5. Congruentes versus incongruentes

Hay valores que pueden estar en armonía con lo que se declara de un ministerio u organización, pero también los hay en sentido opuesto.

6. Positivos versus negativos

Algunos valores son buenos para el ministerio; otros, tristemente, son malos.

Es el desafío de cada ministerio o comunidad de fe iniciar el viaje hacia el descubrimiento de sus valores. Se requiere análisis, honestidad, capacidad de autocrítica y mucho conocimiento del ministerio u organización. Una vez descubiertos, mucho de lo incierto cobrará bastante sentido.

Misión: lo que tenemos que hacer

Ahora veremos cómo escribir nuestra misión.

La misión es la tarea para la cuál el ministerio o comunidad de fe existe. No es un propósito, es el "¿para qué?" de la organización. La misión responde a la pregunta: ¿Qué es lo más importante que Dios nos ha llamado a hacer en nuestra comunidad?

La misión debe orientarse hacia el objetivo al cual apunta en general la Iglesia, la Gran Comisión y la misión de "hacer discípulos", esa es la esencial tarea de la Iglesia. La misión específica debe ser un concepto permanente que dé cuenta de la esencia de nuestra organización. La misión, en el ámbito del ministerio, debe ser una declaración breve y a la vez que abarcadora y bíblica de lo que debemos hacer.

Veamos unos ejemplos de declaraciones de misión de iglesias:

- La misión de la Iglesia del Nazareno es hacer discípulos semejantes a Cristo en las naciones.

- La misión de la Juventud Nazarena Internacional es llamar a nuestra generación a una vida dinámica en Cristo.

En ambos ejemplos se declara de manera específica la tarea que la organización debe realizar.

Tomar conciencia de nuestra misión nos ayuda a definirnos, a saber por qué estamos aquí y qué debemos hacer. Ser conscientes de nuestra misión nos ayuda a no estar inventando actividades sin rumbo ni propósito. Ser conscientes de nuestra misión nos ayuda a hacer la labor para la cual la comunidad o ministerio están llamados a realizar.

Ponte por un momento en los "zapatos" de Dios... y piensa en Dios mirando lo que hacen en el ministerio de jóvenes de tu iglesia local... ¿Qué provocaría un gran gozo en el corazón de Dios? ¿Podrías expresarlo en una imagen?

Visión: lo que queremos llegar a ser

Finalmente veamos como definir nuestra visión.

La visión es la imagen futura de lo que una organización, si cumple su misión, puede (y debe) llegar a ser. Es la anticipación del resultado; pregona que, si hacemos lo que nos hemos propuesto, estaremos avanzando en la realización de nuestra visión. La visión entusiasma a la organización y aviva la pasión por ser parte de ese futuro con el que soñamos.

La visión debe ser clara y desafiante; debe mostrar como el ministerio o la comunidad de fe deben ser en el futuro. La visión debe definir lo que queremos ser como iglesia, a la vez que reflejar explícitamente el esfuerzo que estamos dispuestos a hacer para construirnos esa clase de futuro. La visión también ayuda a asumir compromisos concretos.

La visión es la imagen futura de lo que el ministerio será si cumple su misión; responde a la pregunta: ¿Qué es lo que queremos llegar a ser?

Lección 1 - Planeación estratégica

"El solo hecho, demostrado por muchos estudios, de establecer una visión, definir la misión, planificar y determinar objetivos, influye positivamente en el desempeño de la institución. La planificación estratégica permite pensar en el futuro, visualizar nuevas oportunidades y amenazas, enfocar la misión de la organización y orientar de manera efectiva el rumbo de una organización, facilitando la acción innovativa de dirección y liderazgo"
(Luis Pimentel Villalaz).

PRINCIPALES CARACTERÍSTICAS DE UNA DECLARACIÓN DE VISIÓN

VISIÓN

Clara	Irresistible	Presenta una imagen	Realizable	Dice lo "que debemos ser"

Por último, la visión es dinámica, no estática. Debe ser flexible, es decir, debe estar sujeta a cambios y con el tiempo debe ser renovada, adaptada y contextualizada.

La definición de las estrategias maestras (valores, misión y visión), son únicamente el inicio del proceso de planeación estratégica; las fases siguientes son el diagnóstico y la planificación táctica, entre algunas otras.

¿QUÉ APRENDIMOS?

La planeación estratégica es un conjunto de lineamientos que dirige la toma de decisiones en una organización. Es el timón de nuestro barco. La planeación en la iglesia es un proceso diferente al del mundo empresarial; en el ministerio de la iglesia este proceso se inicia por definir las estrategias maestras: los valores, la misión y la visión del ministerio.

Actividades

INSTRUCCIONES:

1. En equipos de 2 a 3 alumnos estudien los siguientes casos y asignen a cada uno la letra que representa los valores que lo definen.

A	Congruentes / Incongruentes
B	Compartidos / No compartidos
C	Positivos / Negativos:
D	Deseados / Reales
E	Personales / De la organización
F	Conscientes / Inconscientes

Caso 1. ___ La iglesia "X" ha decidido realizar campañas de reforestación en áreas verdes cercanas a su templo, pero produce demasiada basura en sus celebraciones de cada domingo por la noche.

Caso 2. ___ El líder "X" es consciente de que las relaciones personales son importantes; pero demuestra tener muy poca tolerancia hacia los puntos de vistas diferentes a los suyos.

Caso 3. ___ En una iglesia todos están de acuerdo con que demostrar amor a la comunidad es fundamental; pero no todos piensan positivamente sobre tener dos servicios el dia domingo.

Caso 4. ___ En el grupo juvenil de cierta iglesia todos son muy amistosos; pero en los círculos pequeños acostumbran hablar mal de los demás.

Caso 5. ___ Ser puntual es algo muy importante para Sandra; pero es flexible en la reunión semanal de universitarios, ya que han acordado iniciar no a una hora fija, sino hasta que todos estén reunidos.

Caso 6. ___ Hugo es un joven que desea ser más disciplinado en sus quehaceres semanales; pero tiene conflictos con esto, ya que invierte bastante tiempo en los videojuegos.

2. De la siguiente lista de valores, elija los 5 que crea deben ser los más importantes para su comunidad juvenil. Enumérelos del 1 al 5 en orden de prioridad, siendo 1 el de mayor importancia. Al finalizar comparta con el resto de la clase y trabajen para tener un concenso de todo el grupo en cuanto a los 5 valores a los que deberán dar mas importancia en el futuro.

1. Predicación	12. Honestidad	23. Diplomacia
2. Familia	13. Liderazgo	24. Creatividad
3. Servicio	14. Dinero	25. Adoración
4. Educación Cristiana	15. Adecuación cultural	26. Cooperación
5. Tolerancia	16. Oración	27. Los perdidos
6. Diversiones	17. Santidad	28. Movilización
7. Misiones mundiales	18. Excelencia	29. Tradición
8. Comunidad	19. Evangelismo	30. Obediencia
9. Ánimo	20. Ministerio en equipo	31. Innovación
10. Dar	21. Conocimiento	32. Iniciativa
11. Comunión	22. Poder	33. Compasión

1. _____

2. _____

3. _____

4. _____

5. _____

3. De acuerdo con las definiciones y características de la misión y visión estudiadas, elaboren en equipos una declaración sencilla de misión y otra de visión para la comunidad juvenil a la que pertenecen.

Misión:

_____

_____

Visión:

_____

_____

Lección 2

La agenda como una herramienta

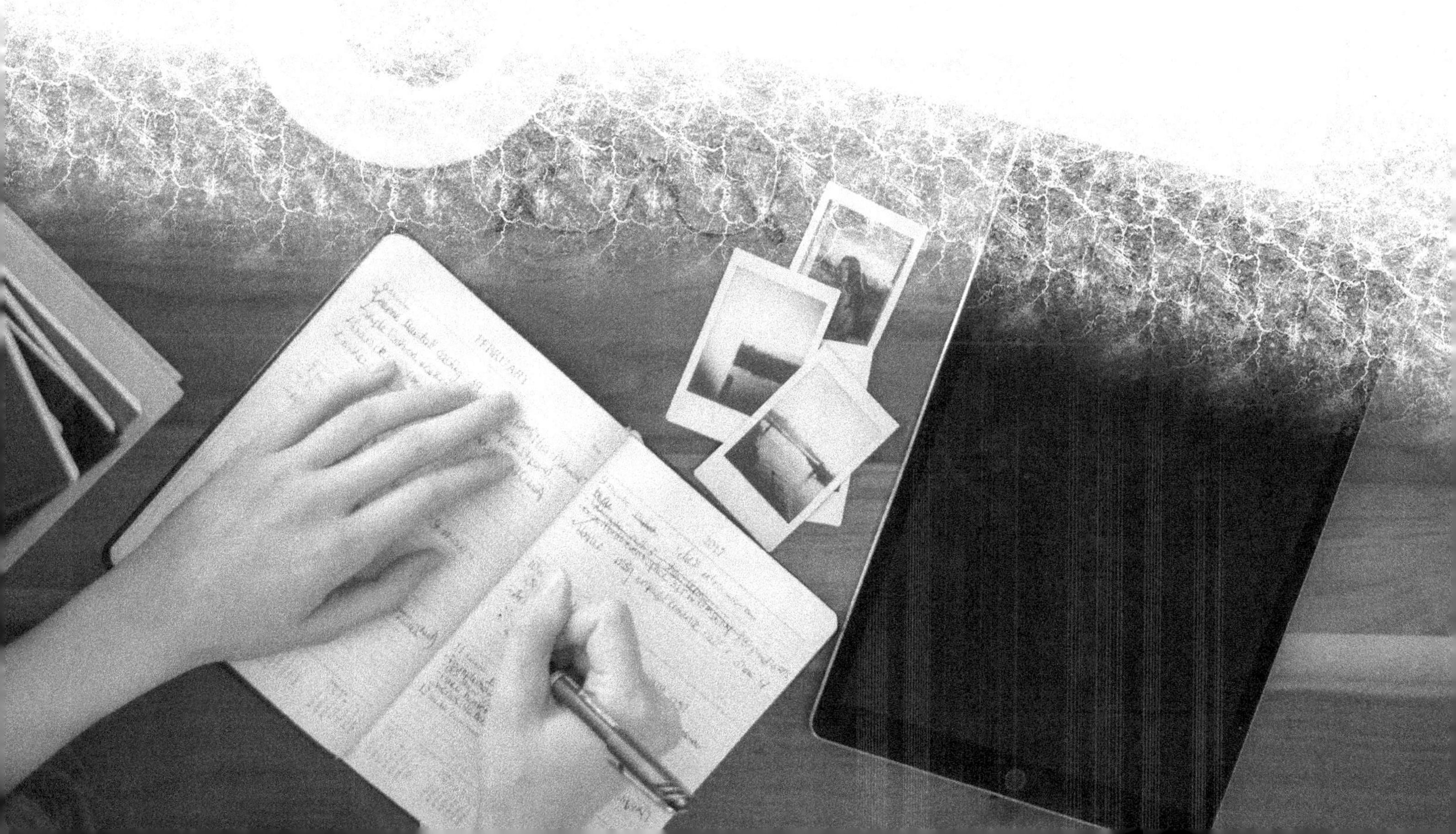

Objetivos
- Valorar la agenda como una herramienta de liderazgo.
- Comenzar a utilizar una agenda personal y ministerial.
- Seleccionar fechas para planear actividades con propósito.

Ideas Principales
- Utilizar una agenda es importante para organizarse de manera apropiada.
- Los buenos líderes planifican con anticipación actividades interesantes y con propósito.

Introducción

Hay un dicho popular que dice: *"Al que madruga, Dios lo ayuda"*, es verdad que para ser una persona exitosa hay que aprovechar cada momento. Necesitamos mencionar que los grandes líderes no pierden tiempo. El tiempo es oro y hemos de hacer buen uso de él. Precisamente es la razón por el cual vamos a estudiar como utilizar la herramienta de la agenda.

¿Qué es una agenda?

En esta sección vamos a definir "agenda".

Una agenda es un libro o cuaderno donde se apuntan las cosas que se han de hacer en determinadas fechas; generalmente sus hojas llevan impresos los días del año ordenados por meses y por semanas con un espacio para escribir.

Una agenda es el registro de un programa de actividades o de trabajo que las personas pretenden realizar en un período determinado de tiempo. La palabra agenda es originalmente un término latino en plural para denotar las "acciones por acometer", cada una de éstas referida originalmente como *agendum*, palabra del latín, que significa *"cosas que se han de hacer"*.

Estos conceptos nos llevan a pensar que la agenda es una herramienta de suma importancia en la vida de un líder competente. ¿Por qué? Sencillamente porque al utilizarla de manera apropiada, podrá captar todos sus programas y actividades, al punto de cumplir el compromiso asumido para un fin. Agenda en este sentido, puede referirse a la serie de asuntos, compromisos u obligaciones que una persona ha ordenado, dispuesto y planificado para ir desarrollando en un período de tiempo específico.

Vemos con frecuencia que el líder enfrenta desafíos y uno de ellos es el uso de su tiempo. Hay dos factores que pueden complicar el asunto, si el líder no tiene un jefe, puede usar su tiempo como quiere. Por otra parte un líder tiene muchas cosas que hacer, y debe se capaz de lograrlas todas.

Como vimos la agenda permite planificar tareas o actividades para su realización en un determinado período de tiempo determinado. En Efesios

*El verbo griego **exagorazo** significa literalmente comprar en el mercado para el uso propio para jamás venderse de nuevo.*

5:16 dice: "... *aprovechando al máximo cada momento oportuno, porque los días son malos.*" En Colosenses 4:5 dice: "*Compórtense sabiamente con los que no creen en Cristo, aprovechando al máximo cada momento oportuno.*" En ambos versos el verbo es el mismo *"exagorazo"*, que significa *"comprando"* o *"redimiendo"* el tema del tiempo; es exactamente lo que nos lleva a conocer el significado de agenda.

¿Cómo utilizar una agenda?

En esta sección vamos a aprender a usar la agenda.

Luego de adquirir una agenda necesitamos saber utilizarla. ¿Qué se requiere para tener una buena mayordomía del tiempo en el ministerio?

Lo primero será elaborar un cronograma de la próxima semana, escribiendo todas las cosas que hará de domingo a sábado. Luego, siga las siguientes instrucciones:

1. Establezca prioridades: Una buena mayordomía del tiempo exige establecer prioridades. El líder tiene muchas responsabilidades; muchas cosas que hacer. Debe decidir cuáles cosas son las más importantes. El tiempo se aprovechará mejor cuando se planifica de antemano, en lugar de dejarse llevar por la presión de las tareas y el reloj.

Para ello, el líder debe hacer una lista de las cosas que hace actualmente y de las que piensa que debe hacer, y luego ponerlas en orden de importancia.

2. Asigne el tiempo apropiado para cada actividad prioritaria: Habiendo establecido las actividades prioritarias, debemos decidir cuánto tiempo daremos a cada una de esas actividades. El hecho que alguna actividad (por ejemplo, leer la Biblia) tenga mayor prioridad que otra (por ejemplo, la visitación pastoral), no significa que debe tener un mayor uso de nuestro tiempo.

3. Organizar una agenda: Habiendo decidido más o menos cuanto tiempo debemos dar a cada actividad, ahora debemos organizar una agenda semanal, dividiendo el día en horas, y decidiendo que hacer en cada hora del día, de Domingo a Sábado.

A veces hay cosas que no podemos hacer cada semana, pero que podríamos incluir en una agenda mensual (por ejemplo, un día de ayuno al mes) o anual (por ejemplo, dos semanas de vacaciones con la familia). Para ello, debemos usar una agenda anual.

4. Ser disciplinados con el tiempo: Una vez que hemos organizado nuestra agenda semanal, es importante cumplir con ella. Eso requiere bastante disciplina con nosotros mismos y con otras personas. Si no logramos cumplir con nuestra agenda semanal, no estaremos haciendo un

La agenda ha ido ligada al ser humano desde que éste comenzara a medir el tiempo y, por consiguiente, inventara el calendario. Entonces, la agenda y el calendario tienen un nexo en común, que es la organización en el tiempo de las actividades tanto profesionales como personales del ser humano.

buen uso de nuestro tiempo; y a la larga sufriremos nosotros, el ministerio, nuestra familia y nuestra salud.

A veces la agenda semanal que hemos elaborado no es realista, o tiene algún error de cálculo de tiempo. Podemos afinar la agenda; pero debemos aprender a ser disciplinados con el uso del tiempo.

5. Evitar distracciones: A veces gastamos dinero en algo que de repente nos interesa, pero que no lo hemos presupuestado y eso no nos permite mantener el presupuesto establecido. Lo mismo pasa con el tiempo. Se llama "distracciones". Tenemos que ser bastante firmes, y evitar toda clase de distracciones (por ejemplo, invitaciones de actividades que nos halagan, pero que no son una prioridad para nosotros).

6. Ser flexibles: Una agenda nunca debe ser una "camisa de fuerza" sobre nosotros. A veces es necesario ser flexibles. Se requiere de mucha sabiduría para distinguir entre la necesidad de ser disciplinados en el uso de nuestro tiempo y la virtud de ser flexibles y no dejar que nuestra agenda sea una camisa de fuerza.

7. No dejarse dominar por emergencias: Aunque es importante ser flexibles, debemos evitar ser dominados por "emergencias". Cuando una emergencia surge, no siempre hay que tratarla inmediatamente; uno puede postergar ciertas cosas y hacerlas en el momento oportuno.

Por ejemplo, si usted ha decidido preparar la reflexión para sus jóvenes del día sábado, y un hermano de la iglesia le llama esa mañana informándole de un enfermo en su familia, es importante recordar que no necesita ir en ese mismo momento a visitar; puede hacer la visita por la tarde, cuando tiene tiempo asignado para esa tarea.

8. Delegar tareas: Muchas veces nos sobrecargamos con actividades, porque no hemos aprendido el arte de delegar cosas a otros. En Éxodo 18:13-26 encontramos un ejemplo de esto en Moisés quien estaba agotado, porque trabajaba sin descanso como juez aconsejando al pueblo. Cuando su suegro Jetro lo vió, le dió un valioso consejo: que capacitara líderes para que fueran ellos los que fungieran como jueces de tiempo completo. El buen líder no es quien hace todo, sino aquel que sabe delegar.

9. Dormir las horas necesarias: El cansancio nos fatiga, y cuando estamos cansados, no rendimos bien. Nuestras mentes no funcionan bien, nuestros cuerpos se sienten fatigados, nuestros espíritus se cansan y se desalientan, somos más propensos a sufrir un accidente, a tener falta de paciencia, etc. Todo eso indica que estar cansados no nos permitirá trabajar bien. Por consiguiente, es muy importante dormir las horas necesarias. Cada persona tiene diferentes necesidades en cuanto al sueño (tanto las horas que debe dormir, como el horario en que debe dormir). Por lo tanto, cada persona tiene que decidir cuántas horas necesita dormir para un mejor rendimiento laboral. El descanso debe ser parte de nuestra agenda.

"Aprovechen cada oportunidad que tengan de hacer el bien, porque estamos viviendo tiempos muy malos"
(Efesios 5:16 TLA).

Tipos y utilidad de las agendas

En esta sección vamos a ver cómo usar agendas diferentes.

Además de nuestra agenda personal, en el servicio ministerial vamos a necesitar elaborar diferentes tipos de agendas. Veamos cuáles son y como usarlas:

1. Agenda para un comité: Esta agenda se usará para planificar actividades y programas con el Concilio de JNI Local, Distrital, de Área o Regional.

La primera reunión del Concilio de cada año eclesiástico incluye un tiempo para familiarizarse unos con otros, así como de organización general. También se eligen los líderes de ministerios y el líder del comité comunica claramente las expectativas a todos los miembros del concilio. Uno de los modelos de agenda en este tipo de reuniones es:

- ✓ Bienvenida
- ✓ Presentación de los miembros y peticiones de oración
- ✓ Oración
- ✓ Revisión de las minutas de la sesión anterior
- ✓ Revisión del informe financiero
- ✓ Reporte de los eventos del ministerio que ocurrieron desde la última vez que el concilio se reunió.
- ✓ Informe de los próximos eventos
- ✓ Reportes de los líderes de ministerios
- ✓ Revisión de calendario anual
- ✓ Sesión de planificación
- ✓ Confirmación de la fecha de la próxima reunión
- ✓ Cierre de reunión

Desde siempre ha existido la agenda con forma de libro o libreta pero hoy gracias a la innovación y a la evolución que ha ido experimentando la tecnología durante los últimos años, mucha gente prefiere las agendas electrónicas.

2. Agenda para una reunión de consejería: En este tipo de agendas se deben tomar en cuenta algunos aspectos importantes como:

a. Que el programa debe atender las necesidades de los muchachos, y a la vez, ayudarlos a prevenir conductas inadecuadas de riesgo, con el fin de cooperar a que el propósito de Dios se lleve a cabo en sus vidas. Si se descuida esto, no habrá eficacia en el cumplimiento del servicio encomendado por Dios.

b. El trabajo debe ser por amor y vocación hacia el grupo juvenil. Es importante recordar que ahí va a convergir toda clase de jóvenes y adolescentes; algunos serán casos fáciles y motivo de alegría, regocijo y ternura, pero otros le significarán un gran reto y en ocasiones, hasta motivo de frustración. Por tanto, el amor y la vocación deben ser tan genuinos que nos permitan integrar a todos por igual en el grupo y crear un ambiente acogedor y restaurador.

A la hora de comprar una agenda hay que tener en cuenta el modelo que se desea basado en el uso que se le va a dar. Hay que considerar por ejemplo su peso si la persona viaja mucho, o quizás considerar una agenda en la computadora portátil o en el celular. Si no tiene que trasladarse mucho puede usar una agenda de mas volumen y peso. Lo más importante será que sea muy funcional.

Lección 2 - La agenda como una herramienta

"Ahora ustedes obedecen el verdadero mensaje de Dios, y Dios los ha limpiado de todo pecado para que se amen unos a otros sinceramente, como hermanos. Así que, ámense mucho unos a otros, con todo su corazón y con todas sus fuerzas" (1 Pedro 1:22 TLA).

Desde que se inventó el calendario, la agenda ha formado parte de él. Desde los tiempos de los egipcios, cuando ya existían turnos de trabajo para construir las pirámides, o cuando en el senado romano se celebraban las interminables sesiones para organizar la vida política de Roma, ya se estaba empleando una agenda. Los resultados dieron la razón al uso de la agenda.

3. Agenda para programar días especiales en la vida de los jóvenes y adolescentes: Sabemos que toda persona es un ente socio-emocional y por ende está necesitado de afecto fraternal. La Biblia nos exhorta al amor fraternal no fingido en 1 Pedro 1:22. La iglesia es un grupo de personas necesitadas en la parte socio-emocional, por lo que actividades que tienen que ver con esta área de las personas, deben ser programadas de manera intencional.

Algunas actividades que se podrían programar son:

- ✓ Tarde social para ejercitar su cuerpo (una combinación de dinámicas y juegos).
- ✓ Celebración de cumpleaños.
- ✓ Celebración de graduación.
- ✓ Celebración por un triunfo obtenido (un día de premiación).

4. Agenda para programar un tiempo para estar con los jóvenes: En este tipo de agendas se puede programar, una tarde de convivencia y de compartir. Es necesario que los líderes pasen tiempo junto a sus jóvenes y adolescentes y de esta manera se identificarán con ellos e intercambiarán ideas realizando juntos algunas actividades. Por ejemplo:

- ✓ Tarde deportiva
- ✓ Tarde de traje
- ✓ Intercambio de ideas
- ✓ Charlas
- ✓ Escuchar los intereses de los jóvenes y adolescentes

5. Agenda para programar una vida devocional: Este tipo de agendas se utilizan para anotar los momentos en que los jóvenes y adolescentes puedan pasar tiempo con Dios, lo cual es muy necesario para la edificación personal de cada uno. Las actividades que se pueden agendar en estas son:

- ✓ Momentos de oración
- ✓ Momentos para leer la Palabra de Dios
- ✓ Momentos para escuchar a Dios
- ✓ Momentos para cantar
- ✓ Momentos de hablar con Dios
- ✓ Meditación en la Palabra

¿Qué Aprendimos?

En la vida cotidiana somos responsables delante de Dios de aprovechar bien el tiempo. La agenda es esa herramienta que permite a jóvenes y adolescentes ser buenos mayordomos del tiempo tanto en su vida personal, como en su servicio al Señor.

Actividades

INSTRUCCIONES:

1. ¿En su opinión por qué es importante que los líderes juveniles den ejemplo al llevar vidas organizadas?

___
___
___
___
___

2. ¿Qué tipos de agenda, de las vistas en esta lección, necesitará utilizar en su actual responsabilidad en el liderazgo?

___
___
___
___
___
___
___

3. ¿Cómo piensa hacer para incluir dentro de su agenda espacio para su vida devocional?

___
___
___
___
___

4. ¿Cuáles son las ventajas de trabajar con anterioridad una agenda y calendario de actividades para el ministerio juvenil? Mencione 3.

___
___
___

5. Completen la siguiente tabla trabajando toda la clase como un grupo. Escojan, según el calendario de los dias feriados en su país, las fechas que podrían agendar para planificar actividades para el ministerio juvenil con uno o más de los siguientes propósitos:

a. Crecer en carácter a semejanza de Jesucristo.

b. Descubrir sus dones y entrenarse para el servicio.

c. Adquirir o reafirmar valores y principios para su vida como discípulos de Jesucristo.

Fecha	Actividad	Propósito

Lección 3

PRESUPUESTO PARA LA OBRA

Objetivos

- Confeccionar un presupuesto ministerial.
- Evaluar ideas para generar recursos para el ministerio juvenil.
- Pensar actividades creativas para recaudar fondos.

Ideas Principales

- La falta de un presupuesto desanima a los jóvenes, quienes deben limitar su creatividad para realizar actividades.
- El presupuesto debe ponerse en las manos de Dios y pedir su provisión para estos recursos.

"La falta de recursos económicos para desarrollar el ministerio como deseamos, gran parte de las veces es un detonante de tristeza o desánimo entre nuestros líderes y aunque la mayoría no se rinde, las ideas van menguando, cada vez se sueña menos y la creatividad se limita a hacer "lo mejor que podemos, con lo poco que tenemos."

Introducción

Imaginemos esta situación: Cierto día, los líderes juveniles se reúnen para una junta: "Muy bien muchachos, ¿Qué vamos a hacer?" –dijo el Presidente de los jóvenes. Los jóvenes dieron variadas sugerencias:

- "Podemos hacer una publicidad del evento, imprimir afiches grandes y pequeños con la información necesaria para poner en las cuadras alrededor del templo, en las plazas y avenidas; y el día del evento salir a entregar invitaciones a toda la gente para que las personas vengan."

- "Creo que sería bueno dar gafetes de bienvenida y un obsequio a aquellos que vengan por primera vez."

- "Tú podrías encargarte de poner una mesa de bienvenida, un snack, tal vez algo de fruta y frituras para que conforme vayan llegando coman algo y compartan tiempo antes de empezar."

- "Sería bueno decorar el escenario y poner luces también que vayan acorde al tema."

- "El conjunto musical invitado está por confirmar, solo está esperando saber si podremos pagar la gasolina y rentar los amplificadores que solicitaron."

- "El orador está listo, sólo nos tocará pagar el viaje, y necesitamos mandarle el programa de participaciones."

- "Para el final de la reunión podríamos tener una convivencia en la que podamos hacer dinámicas y juegos para conocernos más. Sería bueno comprar premios para los participantes."

- "Y para cerrar seria genial cenar algo juntos, algo no muy costoso y que alcance para todos."

Luego de escuchar las ideas el presidente preguntó: "¿Qué les parece chicos?" La conversación siguió así:

- "¡Genial! ¡Estoy seguro que vendrán muchos y les gustará todo!"

- "Muy bien, ¿cuánto dinero tenemos de presupuesto, tesorera?"

- "Pues, por el momento, ciento veinte pesos más y lo que se haya reunido de la ofrenda de hoy; y nos quedan doscientos pesos que nos puede dar el tesorero de la iglesia."

Recién entonces fue que se dieron cuenta que tendrían que trabajar mucho para conseguir los fondos para realizar dicha actividad.

Esta historia es una que muy seguido sucede dentro de nuestros concilios de jóvenes. La falta de recursos económicos para desarrollar el ministerio como deseamos, gran parte de las veces es un detonante de tristeza o desánimo entre nuestros líderes y aunque la mayoría no se rinde, las ideas van menguando, cada vez se sueña menos y la creatividad se limita a hacer "lo mejor que podemos, con lo poco que tenemos."

Es necesario que como líderes juveniles preparemos una estrategia para enfrentar este tipo de situaciones que comúnmente llegan a nuestro ministerio.

Es por eso que en esta lección vamos a aprender algunas estrategias para que el ministerio juvenil cuente con los fondos necesarios para realizar los proyectos que se propongan.

Confección del presupuesto anual

En esta sección vamos a ver cómo se elabora el presupuesto anual.

Para no tener problemas de estancamiento en el programa juvenil, el concilio necesitará elaborar un presupuesto que vaya de acuerdo a las actividades que se van a realizar en el año eclesiástico.

A continuación se incluyen algunas sugerencias importantes a la hora de trabajar el presupuesto anual:

- Planear desde el inicio de año los eventos que el ministerio realizará.

- Hacer un cálculo lo más realista posible de la cantidad que llevará realizar cada actividad.

- El presupuesto se presentará a la junta de la Iglesia, a los líderes de jóvenes y a todos los hermanos que ofrezcan ayuda en el ministerio juvenil.

- El presupuesto debe ponerse en las manos de Dios y pedir su provisión para estos recursos. Si hemos sido prudentes en planificar para el bien de su iglesia, el Señor bendecirá y proveerá los fondos necesarios.

Ejemplo de presupuesto anual del ministerio juvenil para eventos especiales:

El año eclesiástico consiste en el período de tiempo entre las Asambleas de Distrito. Son los meses en que el o la Presidente de Jóvenes y el Concilio de JNI han sido electos para el desempeño de sus funciones.

La Semana de la Juventud se celebra en el marco del Día internacional de la juventud (12 de agosto) aunque algunas iglesias lo celebran en otra semana del año. Su objetivo es desarrollar todo tipo de actividades para involucrar a los jóvenes como ser: noches de talento, fogatas, retiros, conciertos y servicios de adoración enfocados en un tema con invitados especiales. Los jóvenes contribuyen con alabanzas, dramas, dinámicas y los adultos apoyan con su asistencia.

Mes	Evento	Presupuesto
Febrero	Día de la amistad	$1,200.00
Marzo	Olimpiada de la unidad	$850.00
Abril	Día del niño	$600.00
Mayo	Día de las madres	$1,800.00
Junio	Velada de oración	$350.00
Julio	Campamento juvenil	$800.00
Agosto	Semana de la juventud	$3,500.00

Ideas para recaudar fondos

En esta sección vamos a ver como financiar los eventos.

La mayoría de los jóvenes que asisten a nuestras reuniones, aún dependen económicamente de su familia, así que es muy importante involucrar a los padres para que ellos contribuyan al desarrollo del ministerio juvenil. También podemos incluir a los jóvenes mayores y profesionistas y animarles a participar y respaldar el ministerio.

Es muy importante que los líderes sean buenos administradores, que sepan invertir los recursos disponibles con el fin de multiplicarlos para la obra del Señor. Esto a su vez animará a la gente a seguir contribuyendo, porque saben que los fondos se administran con transparencia y con efectividad.

Pero la verdad es que necesitamos de mucha creatividad para alcanzar la meta de nuestro presupuesto, es por eso que presentamos aquí doce ideas para multiplicar recursos financieros para el ministerio juvenil, una para cada mes del año.

Enero: "Pan con chocolate"

Para el mes de Enero, el pan con chocolate (o con café), puede ser una excelente forma de recaudar fondos para el ministerio. Para esta actividad todos los miembros del grupo de jóvenes son animados a participar; algunos pueden traer piezas de pan, otros la leche y otros el café o chocolate. ¿Quién lo prepara? Lo más aconsejable seria conseguir la colaboración de esa hermana que hace un chocolate estupendo.

Una vez solicitado el permiso del pastor, solo queda anunciarlo a la iglesia, sin olvidar informar que la actividad es con el fin de recaudar fondos para el ministerio.

Concurso de deletrear: organiza un concurso de deletrear palabras cristianas difíciles, cada concursante da una cuota para participar. Los ganadores recibirán premios donados.

Febrero: "Mes del amor"

En Febrero es el mes que muchos buscan que regalar a sus amigos y parejas, por el día del amor y la amistad, algo así como flores, globos, chocolates, pasteles, peluches, entre muchas cosas más. Los primeros trece días del mes pueden usarse para preparar las ventas y todo lo requerido para poner un puesto de venta en algún lugar estratégico. La idea es que sea accesible para las personas de la comunidad.

Este tipo de actividades permiten que podamos vender a todo aquel que desee comprar, y no solo a las personas que asisten a los cultos.

Marzo: "Olimpiada juvenil"

El mes de marzo trae un buen clima para estar fuera y hacer deportes al aire libre. Se puede organizar con tu grupo de jóvenes, una actividad en algún parque, plaza o gimnasio, un evento en el cual se invite a practicar algún deporte. La intención es hacer un torneo en el cual cada equipo pague su inscripción y de esa forma se recaudan fondos para el ministerio. También en el mismo lugar del evento se pueden vender refrigerios como bebidas, galletas, perros calientes, helados, agua, entre otros para los jugadores y asistentes.

Abril: "Dulce sonrisa"

El mes de abril es un mes alegre, muchos lo llaman el "mes del niño". La idea consiste en solicitar a los jóvenes que cooperen trayendo un paquete de dulces de cualquier tipo. Luego pegaran en cada uno una nota en pequeños trozos de papel que transmita una promesa de la Palabra o un feliz mensaje para aquel que lo va a adquirir, puede ser algo como: "Caramelos y sonrisas por apoyar el ministerio juvenil", "Sonríe, Cristo te ama", "Que tu día sea más dulce", entre muchos más que pueden generar creativamente.

Preguntas que hay que hacer antes de recaudar fondos:
¿Cuanto necesitamos?
¿Para cuando lo necesitamos?
¿Para que lo necesitamos?
¿Como lo vamos a manejar?

Mayo: "Renta un ayudante"

El proyecto consiste en hablar con los chicos de tu grupo de jóvenes y comprometerlos a servir de manera extrema en el ministerio juvenil donando un día de trabajo. Los miembros de la congregación podrán disponer de un ayudante por un día para labores que los jóvenes puedan realizar, como limpiar la casa, cuidar niños, cortar el césped, etc.

Para esta actividad hay que hablar con los jóvenes primero, saber en qué horario pueden apoyar, que trabajos pueden ofrecer y definir cuánto costará rentar un ayudante.

Junio: "Bazar, de todo un poco"

Solicita a todos los chicos de tu ministerio que traigan de tres a cinco prendas, zapatos, juguetes o cosas que ya no usen y que puedan vender para recaudar fondos para el ministerio. (Esta invitación de cooperar puede ampliarse a toda la iglesia).

Lección 3 - Presupuesto para la obra

Una vez reunidos los artículos, habrá que separarlos por categorías y ubicar un lugar en el que se puedan ofrecer con mesas para que las personas de la comunidad vean y elijan las prendas o cosas que deseen llevar. Sería fabuloso encontrar una oportunidad cerca de un mercado o plaza pública.

Julio: "Patrocina un joven"

Julio es el mes de los campamentos y por lo regular hay chicos en el ministerio que no pueden asistir por falta de recursos; esta idea sencilla y práctica ayudará a que eso no suceda más.

Consiste en hacer "reconocimientos de patrocinio" que los miembros de la congregación puedan comprar de tal forma que apoyen a algún chico para que vaya al campamento. El costo del certificado puede variar, dependiendo del costo del campamento. Ya sea que se venda por el costo total o bien, una parte del costo del evento.

El certificado debe tener una leyenda que diga algo como:

```
El ministerio juvenil de la iglesia
_____
otorga el presente
RECONOCIMIENTO DE PATROCINIO a
_____
por haber apoyado a
_____
para que pueda asistir al campamento juvenil.
_____     _____
Pte. Juventud Nazarena Internacional    Pastor
```

Esta será una oportunidad fabulosa para la congregación de invertir en los jóvenes para que se encuentren con Dios a través de los campamentos.

Agosto: "Generando identidad"

El mes de agosto trae al grupo de jóvenes bastante movimiento, ya que muchos del grupo vienen emocionados y dispuestos a trabajar en el ministerio juvenil después de haber vivido una hermosa experiencia en los campamentos.

Es un buen tiempo para generar identidad entre tu grupo de jóvenes y de que ellos cooperen también para el ministerio. La idea es buscar a algún profesional de publicidad que pueda ayudar e invertir haciendo camisetas, tazas, separadores, plumas, llaveros, etc., para que los muchachos adquieran el producto y sucedan al menos cuatro cosas:

1) Generen identidad y pertenencia al grupo de jóvenes (el logo del grupo juvenil).

2) Tengan un recordatorio del horario de las actividades (días y horas de reunión).

3) Que compartan con otros su pasión (un mensaje evangelizador o una invitación).

4) Apoyen económicamente el ministerio juvenil.

Septiembre: "Venta de comidas dominicales"

El proyecto consiste en solicitar permiso a la Junta de Iglesia para vender comidas al final de la reunión dominical.

Se va a necesitar el apoyo de cocineros, para que ayuden a presentar algo rico y que este listo para que pueda venderse a los miembros de la congregación antes de que se vayan a casa. Para lograr una buena recaudación lo mejor será que todo lo necesario sea donado por los mismos jóvenes u otras personas que deseen colaborar.

Hay que planear esta actividad con anticipación, quizás se pueden levantar pedidos anticipados de la congregación. Sería bueno entregar una pequeña carta de agradecimiento en cada comida que diga: "Gracias por apoyar el ministerio juvenil. ¡Buen provecho!"

Octubre: "Lavado de autos"

El mes de octubre tiene un clima muy fresco y se disfruta mojarse. La idea siguiente será increíble, divertida y de mucho apoyo para el ministerio juvenil. El proyecto consiste en reunir un grupo de jóvenes que estén dispuestos a montar un lavado de autos. Esta idea se puede llevar a cabo para todo público, no solo para los miembros de la iglesia.

Habrá que diseñar con tiempo anuncios para promocionar que habrá lavado de autos x día y hora, para apoyar el ministerio juvenil, acercarse a los hermanos que tienen coche y ofrecerles el servicio. Es una actividad que puede desarrollarse al final de la reunión dominical o algún sábado. Los muchachos pueden traer baldes, jabón y esponjas, y eso sí... lavar los vehículos de una manera muy profesional.

Noviembre: "Certificados de apoyo"

El mes de noviembre es un mes tranquilo y la antesala a la navidad. Hay que aprovechar que las familias no tienen tantos gastos aún y recaudar fondos para nuestro ministerio.

Primero, hay que tener un propósito para el cual recaudar fondos; después, la idea será como la del mes de julio: Diseñar un certificado que los

---

Principios para pedir donaciones:
√ La gente apoya una visión clara sobre cómo ese dinero impactará en la vida de los jóvenes.
√ Los miembros de la iglesia apoyan a los líderes que se relacionan positivamente con ellos.
√ La gente continúa contribuyendo cuando escucha "gracias". Hay que hacerles sentir que son parte importante del ministerio.
√ La gente quiere saber si el dinero se usa bien. Para conservar a un donante es importante rendir cuentas del buen uso de los fondos.

miembros de la congregación puedan adquirir por algún precio en el cual se reconozca a los que están apoyando el ministerio juvenil.

Puede tener una leyenda como:

Agradecemos a _____, por su apoyo al ministerio juvenil en la realización de su Semana de la Juventud 2020.

Sería bueno que lleve el logo del grupo de jóvenes y algunas firmas como la del Presidente y la del pastor.

El precio no debe ser muy alto, es mejor vender muchos certificados a bajo precio de tal forma que muchos puedan apoyar el ministerio juvenil.

Diciembre: "Niñera por un día"

Durante el mes de diciembre muchos niños ya están de vacaciones y los padres no saben que hacer con ellos; es un buen tiempo para que el ministerio juvenil entre en acción.

El proyecto consiste en identificar chicas y también chicos del grupo de jóvenes dispuestos a servir como niñeras y saber en que horarios pueden comprometerse.

El servicio se ofrecerá a las familias de la iglesia y las ganancias serán para proyectos del ministerio juvenil, por ejemplo, para hacer una fiesta en diciembre o de fin de año.

Esta actividad requiere mucha responsabilidad por parte de las chicas que se ofrezcan a cuidar niños, ya que no es cualquier cosa hacerlo. Se necesita paciencia, esfuerzo y sobre todo atención para que no ocurran accidentes.

Mas ideas para recaudar fondos:
√ *Proyección de películas*
√ *Cena para agasajar a un amigo*
√ *Venta de libros usados*
√ *Venta de plantas*
√ *Caminata o carrera deportiva*

¿Qué Aprendimos?

Toda actividad o ministerio requiere de un presupuesto para ser efectivo. Se pueden recaudar fondos de maneras creativas.

Actividades

INSTRUCCIONES:

1. Evalúen en parejas las ideas de actividades para recaudar fondos para el ministerio juvenil, que aporta el autor de la lección. Completen el cuadro siguiente respondiendo las preguntas en cada columna.

Mes	Propuesta del autor	¿Es viable en nuestra comunidad?	Nuestra Idea (Adaptación o una diferente)	¿A quiénes vamos a involucrar?
Enero				
Febrero				
Marzo				
Abril				
Mayo				
Junio				
Julio				
Agosto				
Septiembre				
Octubre				
Noviembre				
Diciembre				

2. Escriba los nombres de personas de su congregación que pueden ayudar a elaborar un proyecto financiero.

_____

_____

3. Actividad para toda la clase: Elaboren un presupuesto anual para los eventos principales del ministerio juvenil local.

Notas

Lección 4

Los materiales

Objetivos

- Valorar el compromiso en el equipo de trabajo.
- Identificar herramientas para el ministerio con jóvenes.
- Valorar la utilización de materiales disponibles en Internet.

Ideas Principales

- Aunque la tarea es desafiante, los siervos comprometidos tendrán la oportunidad de aprender a trabajar cada día mejor con los jóvenes.
- La Iglesia del Nazareno cuenta con varios recursos que pueden ser de gran ayuda para la realización del ministerio juvenil.

Introducción

En la construcción de un edificio hay unos elementos que no pueden faltar: la mano de obra, es decir, los trabajadores; las herramientas y los materiales. Para que la obra se haga con calidad es importante contar con trabajadores calificados, pero lo será también utilizar las herramientas correctas.

En el caso del ministerio juvenil también es importante contar con personas calificadas, preparadas para realizar un buen trabajo, y que cuenten con los materiales adecuados. Necesitamos asimismo escoger buenos materiales, especialmente aquellos que darán firmeza y consistencia a la construcción. Nuestras herramientas ministeriales serán aquellos recursos o actividades que se realizarán. Si todo se utiliza correctamente se podrán tener buenos resultados en el ministerio con los jóvenes.

Es por eso que en esta lección vamos a estudiar dos asuntos importantes para construir un ministerio juvenil sólido. Primero hablaremos sobre las cualidades que debemos buscar en los recursos humanos. Luego presentaremos algunas herramientas ministeriales que serán de mucha utilidad y que además, están disponibles para todos los que quieran utilizarlas.

La mano de obra calificada

Ahora veremos la importancia del fundamento y el compromiso.

Para integrar el equipo ministerial que va a liderar a los jóvenes en la iglesia necesitamos buscar personas que cuenten con al menos dos elementos muy importantes: una buena doctrina y un gran compromiso.

Tener una buena doctrina no radica solo en la fidelidad hacia las creencias de nuestra Iglesia, se refiere a que todo lo que hacemos tiene un claro fundamento en la Palabra de Dios.

Somos parte de una Iglesia que durante toda su historia se ha desarrollado fundamentada en los principios de la palabra de Dios. Estos se han resumido en una declaración de Fe, la cual puede leerse en el Manual de la Iglesia del Nazareno:

Creemos...

En un solo Dios —el Padre, el Hijo y el Espíritu Santo.

Que las Escrituras del Antiguo y Nuevo Testamentos, dadas por inspiración plenaria, contienen toda la verdad necesaria para la fe y la vida cristiana.

Que el hombre nace con una naturaleza caída y, por tanto, está inclinado al mal y esto de continuo.

Que los que permanecen impenitentes hasta el fin, están perdidos eternamente y sin esperanza.

Que la expiación por medio de Jesucristo es para toda la raza humana; y que todo aquel que se arrepiente y cree en el Señor Jesucristo es justificado, regenerado y salvado del dominio del pecado.

Que los creyentes deberán ser enteramente santificados, subsecuentemente a la regeneración, mediante la fe en el Señor Jesucristo.

Que el Espíritu Santo da testimonio del nuevo nacimiento y también de la entera santificación de los creyentes.

Que nuestro Señor volverá, que los muertos resucitarán y que se llevará a cabo el juicio final (Manual de la Iglesia del Nazareno, 2009-2013, pág. 35).

> *"Y aunque la gente de este mundo piensa que ustedes son tontos y no tienen importancia, Dios los eligió, para que los que se creen sabios entiendan que no saben nada. Dios eligió a los que, desde el punto de vista humano, son débiles, despreciables y de poca importancia, para que los que se creen muy importantes se den cuenta de que en realidad no lo son. Así, Dios ha demostrado que, en realidad, esa gente no vale nada. Por eso, ante Dios, nadie tiene de qué sentirse orgulloso"* (1 Corintios 1:27-29 TLA).

Para construir el equipo de liderazgo necesitamos contar con gente comprometida con la tarea. Hay varias razones por las que muchos pueden llegar a ser parte del liderazgo en una iglesia:

a) Porque fueron electos.

b) Porque fueron nombrados.

c) Porque no había otra persona para ocupar esa función.

Sin importar la manera en que un cristiano llegue a ser parte del liderazgo de la iglesia, a la hora de servir en esa posición deberá demostrar un compromiso firme con la obra del Señor.

Será de mucha ayuda que los miembros del equipo cuenten con experiencia ministerial y preparación académica. Pero aún más importante es que tengan la voluntad de comprometerse a realizar con excelencia su trabajo. Personas carentes de compromiso no serán de mucho apoyo para la extensión del Reino de Dios, por ello necesitamos contar con un liderazgo comprometido.

> *El carácter nos saca de la cama, el compromiso nos mueve a la acción y la disciplina nos permite continuar* (Zig Ziglar).

En 1 Corintios 1:27-29 dice: *"Pero Dios escogió lo insensato del mundo para avergonzar a los sabios, y escogió lo débil del mundo para avergonzar a los poderosos. También escogió Dios lo más bajo y despreciado, y lo que no es nada, para anular lo que es, a fin de que en su presencia nadie pueda jactarse."*

Lección 4 - Los materiales

La calidad de vida de una persona es directamente proporcional a su compromiso con la excelencia, independientemente de su campo de actividad (Vince Lombardi).

No debemos pensar que Dios no puede usarnos, recordemos lo que la Biblia dice sobre del gran profeta Elías, un hombre con debilidades como las nuestras. Con fervor oró para que no lloviera, y no llovió sobre la tierra durante tres años y medio. Volvió a orar, y el cielo dió su lluvia y la tierra produjo sus frutos (Santiago 5:17-18).

Cuando una persona se compromete con el ministero juvenil hará todo de la mejor manera, con dedicación y mejorando su desempeño cada vez. Aunque la tarea es desafiante, los siervos comprometidos tendrán la oportunidad de aprender a trabajar cada día mejor con los jóvenes.

Las herramientas: los recursos disponibles

A continuación se presenta una lista de recursos que provee la Iglesia del Nazareno.

La Iglesia del Nazareno cuenta con varios recursos que pueden ser de gran ayuda para la realización del ministerio juvenil. Son recursos que se pueden adaptar al contexto de cada lugar donde haya un ministerio juvenil. Se ha probado la efectividad de los mismos ya que han sido de gran bendición a las iglesias donde se han implementado.

Grupos de Amistad Juvenil: Es una reunión juvenil semanal donde hay edificación espiritual, se muestra interés los unos por los otros y se desarrolla un compañerismo que permite alcanzar a otros para Cristo. Estos grupos permiten que los jóvenes se sientan amados por Dios y por la iglesia. En los mismos se aprende a ser aceptado y a aceptar a las otras personas que vienen al grupo.

Máxima Misión: Un programa de la Iglesia del Nazareno para Movilizar a todas las personas que deseen desarrollar sus dones y talentos, a través de viajes misioneros grupales, promoviendo el desarrollo de líderes en las iglesias. Se organizan para realizar evangelismo, acompañado de trabajo comunitario y presentación de los talentos de los jóvenes. Este programa ha permitido la apertura de nuevas misiones de la Iglesia del Nazareno.

¿Cuáles materiales de la JNI Regional conoces? ¿Qué te han parecido?

Icthus: ICTHUS es un programa completo para ayudar a Iglesias a alcanzar a niños, adolescentes y jóvenes de 4 a 18 años y también a sus padres. Esto es importante ya que ayuda, no solo al desarrollo espiritual de los niños, adolescentes y jóvenes sino también a su desarrollo socioemocional.

Campamentos: El campamento permite que los jóvenes puedan convivir, edificarse y divertirse al mismo tiempo y ha sido un medio eficaz de evangelismo y edificación juvenil mediante la realización de conferencias, juegos, dinámicas de grupo, fogatas, entre otras actividades.

Esgrima Bíblico: Es un programa que permite que los jóvenes lean, memoricen y estudien la Biblia. Se realiza de forma dinámica y otorga a los jóvenes la oportunidad de participar no solo a nivel local, sino distrital, nacional y a nivel de área. Este programa ha permitido que muchos jóvenes y señoritas descubran su llamado al ministerio.

Discipulado "Alto Voltaje": Se trata de una serie de lecciones para adolescentes y jóvenes. Este material está diseñado para jóvenes que recientemente aceptaron a Cristo y no conocen nada del evangelio. Su contenido es dinámico y edificante.

"Tú, mi Dios, me has enseñado desde mi juventud, y aún ahora sigo hablando de tus maravillas" (Salmo 71:17 RVC).

Proyecto Gol: Es una estrategia de evangelización para la Iglesia del Nazareno alrededor del mundo, la cual busca llegar a los jóvenes, niños y adultos por medio del futbol, el cual es un deporte muy practicado en la mayoría de los países. En los torneos que se han desarrollado muchos jóvenes han escuchado el evangelio de salvación.

Plan de Vuelo: Un libro que ayuda a descubrir y desarrollar líderes juveniles por medio de un proceso de entrenamiento. Por medio de este libro podemos aprender ministrar a los adolescentes y jóvenes en nuestros contextos y además nos lleva a tomar un compromiso con la nueva generación y a trabajar en equipo.

Reactivo: Un material completo y lleno de temas actuales de la cultura juvenil. Además complementa los recursos que la JNI en Mesoamérica provee a las iglesias locales para desarrollarse en sus ministerios juveniles.

Trastornando la ciudad: Esta es una estrategia que la región provee para hacer énfasis en el evangelismo juvenil, con el objetivo de que la congregación y el ministerio juvenil salgan del templo y lleven a cabo la misión que Jesús les encomendó compartiendo el amor de Dios sirviendo a los necesitados.

Movimiento de Justicia: Es una dependencia de la JNI Global en nuestra región con el objetivo de ser la voz de los necesitados y desvalidos en nuestras sociedades, llevando a nuestros jóvenes a ser agentes de Justicia Social por medio de la Compasión que nos caracteriza como Nazarenos.

Otra herramienta: el Internet

En esta sección hablaremos sobre uno de los medios más utilizados actualmente.

Muchos de nuestros jóvenes en la región tienen acceso al internet y la utilizan para hacer tareas de sus estudios o por diversión. El internet es un medio muy importante para obtener recursos para el ministerio. Es importante aclarar que se debe hacer un buen uso de este recurso, ya que contiene una variedad de páginas o información no edificante. Sin embargo, podemos confiar en la madurez del líder para utilizar correctamente este medio.

Solo basta abrir el explorador del internet y escribir www.google.com y se tendrá la oportunidad de encontrar recursos, ya sea videos, música,

Lección 4 - Los materiales

imágenes o documentos que serán de mucha utilidad para el ministerio. Otras opciones pueden ser www.yahoo.com, incluso hasta en el Facebook pueden encontrarse recursos importantes.

Una vez más recalcamos la importancia de la madurez con que se utilice este medio. Se debe estar atento para rechazar todo aquello que no ayuda o no edifica, y retener y aprovechar todo lo que sea útil para el ministerio juvenil.

A continuación se presenta una lista de direcciones de internet en los cuales se pueden encontrar recursos y ayudas para el ministerio juvenil:

www.jniregionmesoamerica.org

www.transformaelmundo.com

www.mesoamericaregion.org

IDN Radio

www.nyitoday.org

www.justicemovement.com

www.e625.com

www.certezajoven.com.ar

www.lideresjuveniles.com

www.ministeriojuvenil.com

www.paralideres.org

Es necesario evaluar cada material que se obtenga. Su contenido debe ser Cristocéntrico, basado en las Sagradas Escrituras y que contribuya al desarrollo de un ministerio que responda a nuestra misión de "Hacer discípulos semejantes a Crissto en las naciones".

Hoy día las nuevas tecnologías, Internet y redes sociales están integradas a la forma de vida de los jóvenes entre 16 y 26 años. Son indispensables para los chicos quienes se sienten aislados, incomunicados e incompletos y no saben cómo rellenar rutinas, integrarse o socializarse sin ellas.

¿Qué Aprendimos?

Existe una gran variedad de recursos que pueden ser utilizados para la realización de un ministerio juvenil exitoso. Están al alcance de todos aquellos que deseen contribuir a la extensión del Reino de Dios. Solo se necesita un poco de esfuerzo para buscarlos, evaluarlos y adaptarlos al contexto.

Actividades

Tiempo 20'

INSTRUCCIONES:

1. Escriba una reflexión sobre la siguiente ilustración con respecto a su servicio en el ministerio juvenil.

Imagine que los materiales de construcción de un edificio se reúnen y dialogan: la arena dice que al mezclarse con el cemento todo queda gris y que ella ya no se distingue; el hierro dice que el cemento le asfixia cuando se seca y que también ya no se nota en la construcción; el alambre de amarre se queja que la tenaza le retuerce muy fuerte alrededor del hierro; y el nivel, allí está midiendo que todo quede bien; por su parte, la pala y la carretilla se quejan que la arena pesa mucho para estarla cargando. Todos manifiestan cierta inconformidad o tristeza por lo que les pasa. Mientras eso sucede llegan los trabajadores, y haciendo uso de estos y otros materiales continúan la tarea de construir un hermoso templo que servirá para que muchas personas se reúnan para adorar a Dios.

_____

_____

_____

2. En la siguiente SOPA DE LETRAS encuentra los nombres de 9 programas y/o recursos para el Ministerio Juvenil.

PROGRAMAS Y RECURSOS

```
P J O D A L U P I C S I D I O Q E A T G
X M G O I Y O O M A G I L N P T W L X N
S I O C A M P A M E N T O D Y P R T R O
X P V R E I P U C O G I U W A E M O D M
L H V N A G G U Q I S M P I K N O V E S
O T S D A C T O Q I K E I M H I Y O Q I
G M E Q B F P L M O R A C I O N Ñ L I L
O I C T H U S A O I C L O S U M K T F E
T O Z X E Y M E G R M E O I T O G A W G
C Z A J S I C Y R S T V J T U A X J Y N
E H O G X I N I D X U C B T M E T E Q A
Y P O A I E S A Q V B A F M H X W R N V
O Y M E S G R I M A B I B L I C O T X E
R V W C V A J X V T V Y Y E M N P G N R Q
P S I S E N E G O T C E Y O R P J S M Y
```

Solución: ESGRIMA BÍBLICO, EVANGELISMO, CAMPAMENTO, ORACIÓN, ICTHUS, PROYECTO GOL, MÁXIMA MISIÓN, ALTO VOLTAJE, DISCIPULADO, PROYECTO GÉNESIS

Notas

Lección 5

Los albañiles

Objetivos

- Valorar el lugar de la delegación en el ministerio juvenil.
- Compartir experiencias relacionando delegación y crecimiento personal.
- Detectar jóvenes en quienes podemos delegar.

Ideas Principales

- La finalidad de delegar es ayudar al desarrollo, la madurez, el crecimiento del joven.
- La autoridad delegada implica responsabilidad, es decir, la persona tiene un trabajo que realizar y debe comprometerse a terminarlo.

Introducción

Un albañil es alguien que trabaja en la construcción de edificios, viviendas, en reformas o renovaciones, u otro tipo de proyectos. El jefe de los albañiles se conoce como el maestro de obras y es quien lidera al resto de los albañiles, peones y ayudantes. Todo el equipo trabaja junto construyendo la obra.

Una de las funciones principales del maestro de obra es delegar en su equipo de trabajo. Lo hace confiando en ellos y dándoles cada vez responsabilidades más significativas. De esta manera siempre están aprendiendo y se van preparando para que llegar a ser maestros de obra.

De la misma manera el liderazgo en el ministerio juvenil tiene que ver con personas. Dios ha dotado generosamente a su pueblo con talentos y capacidades para servirle en la iglesia y en el mundo. Los líderes deben ser responsables de descubrir y potenciar lo mejor de sus miembros, facilitando el uso de los dones.

Una de las facetas del liderazgo es la habilidad de delegar responsabilidades. Lamentablemente, hay muchos líderes que cometen errores al delegar, y como resultado, no hay reproducción de líderes. El delegar es un arte, donde debemos aprender a confiar en otros. Algunas veces pensamos que nadie puede hacer el trabajo mejor que nosotros, pero es necesario confiar en nuestros discípulos, y delegar, aún sabiendo de antemano, que van a cometer errores, pues esto es parte del proceso.

¡Manos a la obra! En esta lección seremos albañiles que aprenderemos a trabajar en equipo, pero también a delegar a la nueva generación.

¿Qué significa delegar?

En esta sección definiremos el concepto de delegación.

¿Porqué crees que delegar es una de las más complejas gestiones del liderazgo?

Entendemos la delegación como el proceso mediante el cual una persona que está facultada para disponer o efectuar acciones, cede, deriva u otorga una o más funciones o tareas a otra persona, asignándole la responsabilidad del cumplimiento en los niveles de eficacia y eficiencia encomendados, y otorgando la autoridad y los elementos necesarios para que la persona que asuma la delegación, pueda efectuar las funciones dentro de los límites impuestos.

La delegación es, probablemente, el proceso fundamental de la gestión de un líder y a su vez el más complejo y difícil de llevar a cabo en forma efectiva.

Delegar proviene del latín *"delegare"*, y quiere decir, dar una persona a otra la jurisdicción que tiene por su dignidad u oficio, para que haga sus veces o conferirle su representación. Pero delegar no es dar o entregar y olvidarse de la función derivada o cedida. La delegación no libera a la persona que delega de su responsabilidad sobre la correcta ejecución de la tarea o función. La responsabilidad no se delega. Es decir que, aunque un líder delegue en un colaborador una tarea o función, sigue siendo responsable ante sus superiores del cumplimiento de la misma, conforme al nivel de eficiencia establecido.

La delegación de autoridad debe acompañar a la delegación de tareas o funciones. C. Gene Wilkes dice: *"Responsabilidad sin autoridad quita en vez de dar autoridad a los seguidores."* Una autoridad incierta y expectativas no claras impiden que los voluntarios actúen.

¿Por qué es importante delegar?

A continuación veremos que delegar produce crecimiento.

Cuando delegamos una tarea, nos da temor que la misma no sea hecha con la misma calidad que la haríamos nosotros y que debería ser hecha. Es un temor razonable, es cierto y nadie puede objetar contra eso. Sin embargo, si no delegamos siempre tendremos que hacer todo nosotros, ya que nadie podrá reemplazarnos, nadie podrá alcanzar nuestros estupendos niveles de calidad. Pero esto se debe a que nadie puede aprender sin fallar alguna vez y, cuando alguien está en el proceso de aprendizaje, la calidad a corto plazo puede resentirse, aunque a mediano y largo plazo mejore.

Cuando delegamos necesitamos destinar mucho tiempo explicando cómo hacer las cosas. Tardamos mucho menos haciéndolas nosotros mismos. Es verdad, somos más rápidos, más ágiles, tenemos más experiencia, pero siempre estaremos solos si no invertimos el tiempo necesario en capacitar a otros.

Hay que considerar que entre la siembra y la cosecha hay tiempo y trabajo duro de por medio. Pero la segunda no es posible sin la primera. En el fondo delegar será ante todo, y sobre todo, una lucha contra mí mismo, contra mi tendencia y necesidad humana de tener el control de todas las cosas. No puede haber crecimiento, desarrollo, madurez en la vida de los jóvenes sin delegación de responsabilidades.

"El delegar es un arte, donde debemos aprender a confiar en otros. Es necesario delegar y confiar en nuestros discípulos, aun sabiendo de antemano que van a cometer errores, pues esto es parte del proceso."

> **Quemado:** expresión que significa que una persona ha trabajado por mucho tiempo al límite de sus fuerzas y poniendo en riesgo su salud mental y física.

La finalidad de delegar es ayudar al desarrollo, la madurez y el crecimiento del joven. La delegación no tiene ningún sentido si no está relacionada con este fin último. Necesitamos recordar que no delegamos para tener menos trabajo, esto sería utilitarismo. Delegamos para ayudar al otro a crecer y en ese proceso, como resultado podemos ganar tiempo para enfocarnos en otras tareas.

En Éxodo 18:25-26 dice... *"Escogió entre todos los israelitas hombres capaces, y los puso al frente de los israelitas como jefes de mil, cien, cincuenta y diez personas. Estos jefes fungían como jueces de tiempo completo, atendiendo los casos sencillos, pero remitiendo a Moisés los casos difíciles."*

Moisés era un buen líder, sin embargo, estaba abrumado, agotado y "quemado" por la inmensa tarea que tenía que llevar a cabo. Moisés era responsable de juzgar todos los problemas que el pueblo tenía, desde los más insignificantes hasta los más serios. Claro que eso tenía sus compensaciones, Moisés tenía todo el control, todo lo sabía, todo lo decidía ¡Pero a qué precio! El pueblo tampoco lo pasaba bien. Como Moisés era el único en tomar las decisiones y todo tenía que pasar por sus manos, la gente hacía largas filas para ser atendido. No era de extrañar que Moisés se agotara y el pueblo perdiera la paciencia.

> ¿Cuáles beneficios reciben los miembros de la iglesia cuando cada creyente sirve conforme a su don?

Pero al escuchar a su suegro todos salieron beneficiados. Moisés, porque se pudo centrar en las tareas más importantes. El pueblo, porque los plazos de espera se redujeron y la justicia se agilizó. Los jefes en que delegó, porque tuvieron la oportunidad de ejercer los dones y las capacidades con las que Dios les había dotado.

¿Qué delegar? ¿Cómo delegar?

Ahora vamos a ver en qué situaciones es importante delegar.

La acción de delegar incluye compartir autoridad y también responsabilidad.

Delegar autoridad consiste en otorgar un derecho legal delegado para ejercer dominio, respaldado por un poder. La autoridad debe ser dada en privado y también en público, para que las demás personas la reconozcan y se sometan. Toda autoridad delegada está basada en la sumisión. Esta autoridad delegada implica responsabilidad, es decir, la persona tiene un trabajo que realizar, y debe comprometerse a terminarlo.

> *Un don espiritual es la habilidad o capacidad recibida de Dios por medio del Espíritu Santo para realizar algún servicio cristiano.*

Pero hay algunas cosas que el líder no debería delegar. Carl F. George and Robert E. Logan menciona cuatro cosas que no pueden delegarse:

1. La responsabilidad de corregir y disciplinar.

2. Problemas mayores.

3. Tareas que envuelven información confidencial.

4. La responsabilidad de crear y mantener una moral alta.

También hay algunas condiciones para delegar. Veamos:

- Delegar conforme a la disposición y a la capacidad de la persona.

- Delegar de acuerdo con el don o la pasión de la persona, ubicarla en la posición correcta. Dios es quien da los dones, quien pone su pasión en nuestro corazón y quien nos llama a una función específica en su reino.

- Se debe delegar en la proporción correcta. Se requiere sabiduría para delegar en la proporción que le permita ejercer su fe y tener que enfrentar un desafío.

- Se debe delegar proveyendo los recursos correctos. No puedo delegar sin ofrecer al delegado todos los recursos para poder llevar a cabo con éxito su misión.

- Se debe delegar con la supervisión correcta. No puede haber delegación sin supervisión. La delegación carente de supervisión no tiene ningún valor. No debemos olvidar que cuando no ofrecemos la supervisión necesaria todos los posibles errores son culpa nuestra.

- No podemos delegar sin ofrecer libertad para fallar. Es necesario proveer un ambiente de gracia en el cual, el fallo es posible y aceptable y no afectará al valor, dignidad o posición de la persona. Se debe delegar proveyendo un ambiente de segundas oportunidades.

Dios es quien da los dones, quien pone su pasión en nuestro corazón y quien nos llama a una función específica en su reino.

¿Qué hacía Jesús cuando delegaba?

Finalmente vamos a mirar el modelo de Jesús.

Jesucristo, cuando delegaba daba instrucciones específicas, es decir, el cómo, el cuándo, el qué, el dónde y el porqué del trabajo. Esto evita problemas futuros: *"Jesús envió a estos doce con las siguientes instrucciones: «No vayan entre los gentiles ni entren en ningún pueblo de los samaritanos. Vayan más bien a las ovejas descarriadas del pueblo de Israel. Dondequiera que vayan, prediquen este mensaje: "El reino de los cielos está cerca". Sanen a los enfermos, resuciten a los muertos, limpien de su enfermedad a los que tienen lepra, expulsen a los demonios. Lo que ustedes recibieron gratis, denlo gratuitamente"* (Mateo 10:5-8).

En el proceso de delegación es muy importante preparar a la persona para la tarea que se le va a encomendar. Algunos principios bíblicos en los que debemos entrenar a las personas en las que vamos a delegar son:

1. Dar cuentas: Todo buen discípulo, después de que se le delegó autoridad y responsabilidad, debe informar y dar cuentas de su trabajo.

Jesús envió a estos doce discípulos con las siguientes instrucciones: No vayan por lugares donde vive gente que no es judía. Tampoco vayan a los pueblos de la región de Samaria. Mejor vayan a los israelitas, pues son un pueblo que anda como rebaño perdido.
Cuando vayan, anuncien este mensaje: "Ya está por llegar el reino de Dios".
Sanen también a los enfermos. Devuélvanles la vida a los muertos. Sanen a los leprosos, y libren de los demonios a la gente. ¡No cobren nada por hacerlo, pues el poder que Dios les ha dado a ustedes tampoco les costó nada!
(Mateo 10:5-8 TLA).

"Cuando los setenta y dos regresaron, dijeron contentos: - Señor, hasta los demonios se nos someten en tu nombre" (Lucas 10:17).

2. La responsabilidad y la autoridad son delegadas: Esto quiere decir que no se debe abusar de ellas. Su autoridad está fundamentada en la sumisión y en la relación saludable con el líder. Si el discípulo se rebela contra su líder, pierde la autoridad. La rebelión no debe ser aceptada bajo ninguna circunstancia en el ministerio.

3. El compromiso primordial del discípulo es servir con el fin de aliviarle la carga al líder. La autoridad que recibe el discípulo es para servir al pueblo y no para satisfacer sus propios intereses. *"Yo descenderé para hablar contigo, y compartiré con ellos el Espíritu que está sobre ti, para que te ayuden a llevar la carga que te significa este pueblo. Así no tendrás que llevarla tú solo"* (Números 11:17).

5. Fidelidad y lealtad: Después de Dios, la fidelidad y lealtad se le deben al líder. La lealtad es importante en la empresa, en la iglesia, fuera de la iglesia, en el hogar, entre otros.

6. Mantener un corazón enseñable y dispuesto a la disciplina. Cuando se equivoca, el discípulo debe saber aceptar la corrección.

¿Qué Aprendimos?

Delegar es un riesgo pero a la vez una forma de enseñar y desarrollar a otros. Jesús nos dió ejemplo delegando en otros funciones ministeriales importantes.

Actividades

INSTRUCCIONES:

1. En sus propias palabras escriba una definición de "delegar".

_____
_____

2. ¿Ha tenido usted experiencia realizando tareas que le delegaron? ¿En qué sentido esto le ayudó a crecer como discípulo de Jesucristo? Comparta con la clase su respuesta.

_____
_____
_____

3. Enliste algunos nombres de miembros maduros del ministerio juvenil, escriba a la par sus dones, talentos, habilidades y destrezas y luego escriba algunas funciones o tareas que se le pordrían delegar. Esto le ayudará a visualizar mejor las potencialidades de cada persona para delegar funciones correctamente.

Persona	Habilidades / Dones	Función / Tarea

4. En grupos de 3 integrantes respondan:

    a. ¿Hay en su congregación líderes a los que les cuesta trabajo delegar?

    b. Mencionen dos o tres motivos por los que creen que esto ocurre.

    c. ¿Qué podrían hacer ustedes para revertir la situación?

_____
_____
_____

Notas

Lección 6

Programas de la JNI

Objetivos
- Identificar los tres ejes del ministerio juvenil.
- Saber aplicar diferentes herramientas para el desarrollo de los jóvenes.
- Identificar los programas aplicables a nuestro ministerio.

Ideas Principales
- La JNI es el ministerio de la Iglesia del Nazareno que existe para alcanzar y guiar a los jóvenes hacia una relación con Dios que perdure toda la vida.
- La JNI tiene una variedad de herramientas y recursos que pueden adaptarse a cada contexto con diferentes propósitos cuantitativos y cualitativos.

Introducción

La Juventud Nazarena Internacional (JNI) es el ministerio que tiene como grupo meta a los jóvenes; se puede implementar tanto en una iglesia pequeña, como en una grande. Es un ministerio internacional porque abarca grupos de jóvenes de muchas culturas quienes mientras adoran, trabajan y se divirtien juntos van creciendo como discípulos y discípulas del Señor.

Nuestra misión es llamar a nuestra generación a una vida dinámica en Cristo.

Nuestra visión dice así: La JNI existe para guiar a los jóvenes hacia una relación con Cristo que perdure toda la vida y para facilitar su crecimiento como discípulos en el servicio cristiano.

El trabajo de la JNI se enfoca en desarrollar a los jóvenes en tres ejes:

1) Discipulado

2) Evangelismo

3) Desarrollo de líderes

En esta época de los grandes avances tecnológicos, donde los jóvenes son bombardeados por modelos de líderes caracterizados por su falsedad, corrupción, inmoralidad, injusticia e hipocresía, es necesario que en la iglesia forjemos líderes discipuladores que sean ejemplos de una vida de pureza, líderes que formen y guíen correctamente a la juventud para impactar al mundo.

Este es el reto de la iglesia hoy, los jóvenes buscan oportunidades para realizarse empleando sus vidas para construir un mundo mejor y para guiarles tenemos herramientas para cada uno de los tres grandes ejes. En esta lección presentamos una descripción de cada uno de estos ejes y las herramientas para desarrollarlos a nivel de la iglesia local.

Nuestra misión es llamar a nuestra generación a una vida dinámica en Cristo.

Evangelismo

En esta sección vamos a ver cómo desarrollar el primer eje.

Evangelismo es compartir con otros las buenas nuevas de salvación. Jesús nos dió una misión: *"Les dijo: Vayan por todo el mundo y anuncien las buenas nuevas a toda criatura"* (Marcos 16:15). Esto es un imperativo para toda la iglesia de compartir la gracia de Dios. Incluye tambien a nosotros los jóvenes que somos responsables de hacerlo con todos nuestros amigos y con todos los jóvenes de la comunidad. Para ello necesitamos ser creativos, pues muchas personas por sí mismas no vendrán al templo, pero nosotros sí podemos llegar hacia donde ellos y ellas están.

La razón por la que estás aquí en la tierra es que no puedes evangelizar a nadie en el cielo (John MacArthur).

Toda JNI debe desarrollar una variedad de ministerios y eventos especiales para alcanzar a los jóvenes para Cristo. Veamos algunos programas que podemos implementar para desarrollar este eje:

- **Grupos de Amistad Juvenil**

Consiste en crear grupos pequeños de compañerismo (células). Éstos se agrupan según sus características particulares como ser, edad, nivel escolar, sexo, ministerio. ¡Queremos que los miembros de nuestras comunidades juveniles abran sus casas y comiencen a crecer por medio de grupos pequeños! Esta estrategia se basa en el modelo de Juan Wesley en la Inglaterra del siglo 18.

La Iglesia del Nazareno tiene su herencia en el avivamiento wesleyano del siglo 18 en Inglaterra liderado por Juan y Carlos Wesley cuyo énfasis central era la doctrina de la perfección cristiana.

- **Trastornando nuestra ciudad**

Esta estrategia reta a cada JNI local a salir de sus templos y compartir el amor de Jesús con los no creyentes por medio de la utilización de sus dones y talentos otorgados por gracia divina. Invirtiendo un dia, cada profesional, estudiante o persona con una habilidad tratajan en un proyecto para ayudar a su comunidad.

- **Talleres de sexualidad**

Abriendo puertas en las instituciones educativas como escuelas, colegios, institutos y universidades se brindan talleres cuyo objetivo es mostrar la importancia de mantener una vida de pureza sexual hasta el matrimonio.

- **Campamentos y retiros**

El objetivo de organizar campamentos y retiros es el de proveer experiencias por medio de las cuales los jóvenes pueden reorientar, descubrir, explorar y desarrollar su vida cristiana. El programa de estas actividades debe tener un balance entre adoración, estudio, compañerismo, recreación y descanso, aprovechando los recursos que ofrece la naturaleza.

Los adolescentes y jóvenes necesitan cumplir la misión centrífuga, es decir, hacia fuera, con el mensaje de salvación.

- **Icthus**

Es un ministerio cuyo objetivo principal es apoyar a la iglesia en su tarea evangelizadora y docente, a fin de dar respuestas a las inquietudes

Lección 6 - Programas de la JNI

y necesidades de los adolescentes y jóvenes. Icthus atiende la naturaleza especial de los adolescentes (cambios biológicos rápidos, cambios psíquicos, aislamiento, hostilidad y otros) que necesitan ser pastoreados según sus necesidades específicas.

Discipulado

Ahora veremos las herramientas para implementar el segundo eje.

Toda JNI debe desarrollar e implementar una variedad de ministerios continuos y eventos especiales para edificar y desafiar a los jóvenes a crecer como discípulos de Cristo en la vida devocional personal, la adoración, el compañerismo, el ministerio y para guiar a otros a Cristo.

¿Qué es discipulado? La palabra "discípulos" proviene del vocablo griego *mathetes* que podríamos interpretar como: Aquel que aprende de su maestro y participa activamente desde su propio pensamiento y actitud reflexiva en la construcción de ese aprendizaje.

El discipulado debe llevar a los jóvenes a hacer un compromiso de vivir y pensar como Jesucristo. Aunque el proceso de aprender a ser como Cristo dura toda la vida, somos responsables de guiar a los jóvenes a ser discípulos fieles de acuerdo a su etapa de desarrollo. Para ello la JNI ha creado los siguientes programas:

- **En el nombre de Jesús**

Es el ministerio de oración juvenil que busca desarrollar una vida devocional y unir a la juventud nazarena de la región. Los jóvenes y adolescentes necesitan saber que tienen la llave en el nombre de Jesús para tener una exclusiva relación de amor con Dios Padre, quien es accesible y quiere comunicarse también con nosotros.

- **Esgrima Bíblico**

Es un ministerio efectivo de estudio bíblico para los jóvenes y adolescentes por medio de grupos pequeños. Inicia con los grupos de descubrimiento, estos son importantes para comunicar aceptación, enseñar con el ejemplo, construir relaciones personales y ser modelos del discipulado en un ambiente de la vida real. El objetivo principal de esta estrategia no es la competencia, sino el estudio de la Biblia en el grupo pequeño y el acompañamiento y guía cristiana que provee.

- **Campamentos y retiros**

El propósito principal del campamento es el desarrollo del acampante, la persona que viene al campamento llega con ciertas necesidades espirituales y físicas; tiene también necesidades sociales, intelectuales y emocionales. El campamento cristiano por su naturaleza ofrece una excelente oportunidad para ministrar al participante y ayudarle a satisfacer estas necesidades.

> *Es muy importante que los adolescentes y jóvenes de la JNI local comprendan que el crecimiento y la madurez cristiana solo se alcanza a través del discipulado y se integren a un grupo pequeño.*

- **Revista de Discipulado / Lecciones de Discipulado**

En la página web *www.jnimesoamericaregion.org* se puede accesar a materiales diseñados para desarrollar estudios bíblicos que contribuyen al crecimiento de los jóvenes y adolescentes en su relación con Dios. Estos son excelentes materiales para cimentar los fundamentos básicos de la fe cristiana en la vida de los jóvenes.

- **Escuela Bíblica Dominical**

Por medio del estudio semanal de la Biblia, esta escuela contribuye al crecimiento continuo de los adolescentes y jóvenes en todas las áreas de su vida y les orienta a servir.

- **Grupos pequeños**

El propósito de los grupos pequeños es el estudio de un libro y el compañerismo. Estos grupos ayudan a los jóvenes a crecer y madurar en la vida cristiana, y a la vez les capacita para servir como líderes de células o líderes de un grupos de amistad juvenil.

Desarrollo de líderes

Finalmente estudiaremos algunas estrategias para llevar adelante el tercer eje.

Un líder es la persona que guía a otros a una meta en común, mostrando el camino. Como bien lo define Félix Ortiz en el libro "Raíces" el liderazgo es: *"el arte de lograr que las cosas se hagan a través de la gente y se puede aprender a ser un líder, pero para lograrlo se necesita de creatividad imaginación y destreza"* (p. 181).

El propósito de este eje es equipar y desarrollar el liderazgo de los jóvenes para el cumplimiento de la misión y que estos puedan servir a través de la adoración, del evangelismo y el discipulado en la iglesia local.

Toda JNI debe desarrollar e implementar una variedad de ministerios continuos y eventos especiales para guiar y capacitar a los jóvenes a fin de que lleguen a ser líderes para Cristo y su iglesia.

La JNI ha creado los siguientes programas para cumplir con este eje:

- **Máxima Misión**

Es un programa de la Iglesia del Nazareno para movilizar a todas las personas que deseen desarrollar sus dones y talentos a través de viajes misioneros grupales, promoviendo el desarrollo de líderes en nuestras iglesias.

- **Congreso Plan de Vuelo**

Este congreso abarca cinco temáticas especializadas para entrenar lideres. La duración del mismo es de 8 horas, con dinámicas y prácticas aplicables a la vida y el ministerio. Entre los temas que se tratan se incluyen:

Los jóvenes tienen la pasión y el deseo de servir al Señor y a su iglesia. Los que anhelamos ver una juventud fuerte, firme y fiel debemos invertir tiempo y recursos para entrenarles e involucrarles para que sean parte de los ministerios en la iglesia local.

El arte de planificar y organizar, el desarrollo de líderes y el trabajo en equipo en el ministerio juvenil.

• Congreso Reactivo

Es un congreso diseñado para compartir con las nuevas generaciones de líderes todos los recursos de la JNI. En estos congresos se desarrollan plenarias sobre el ministerio integral y holístico a los jóvenes y talleres específicos para aprender a desarrollar los programas en la iglesia local. Estos eventos se han diseñado para realizarse a nivel nacional, distrital y para aplicar lo aprendido a nivel de la iglesia local.

• Escuela de Liderazgo

Tiene como objetivo general colaborar con la iglesia local en el equipamiento de los santos para la obra del ministerio, cimentando en ellos un conocimiento bíblico teológico sólido y desarrollándolos en el ejercicio de sus dones para el servicio en su congregación local y en la sociedad. Estos cursos incluyen una especialización en Ministerio Juvenil, cuyo propósito es entrenar a los jóvenes para servir en dicho ministerio en su iglesia local.

• Academia del Ministerio Juvenil

Tiene como objetivo principal formar, capacitar y desarrollar liderazgo juvenil con excelencia en el área pastoral de jóvenes y adolescentes por medio de los saberes teóricos, técnicos y prácticos. Trabaja en coordinación con las instituciones teológicas de la región que extienden su respaldo y diplomas al finalizar la especialización que consta de 14 cursos y abarca cuatro áreas importantes como son: teológica práctica, administración eclesiástica, pedagogía didáctica y ciencias humanas.

Los adolescentes y jóvenes de la iglesia local requieren líderes con este perfil:

- Un líder espiritual y santo

- Un líder humilde

- Un líder con naturaleza de siervo

- Un líder que planifica

- Un líder que trabaja en equipo

- Un líder que inspira, motiva y desafía

- Un líder que comunica y escucha

- Un líder apasionado por sus jóvenes

La especialidad de Escuela de Liderazgo en Ministerio Juvenil abarca 6 cursos, cada uno con una duración de 8 semanas:
1. La aventura de mi vida
2. Dejando un rastro
3. Desafío a la conquista
4. Cuidando las ovejas
5. En construcción
6. Que alguien me escuche

¿QUÉ APRENDIMOS?

La JNI tiene muchos recursos para el crecimiento de nuestros jóvenes y adolescentes para la iglesia local.

Actividades

INSTRUCCIONES:

1. Piensa en la siguiente situación... María tiene 12 años y siempre ha asistido a la Escuela Dominical, además de acompañar a su madre a los cultos de los días martes y domingos en el servicio devocional. ¿Cómo ayudarías a María que comienza su etapa de adolescencia? ¿En qué recursos de la JNI la involucrarías?

_____
_____
_____
_____

2. María aceptó asistir a los programas, según se le recomendó, pero ya han pasado dos o tres años y va a comenzar en colegio secundario, su entorno está cambiando, los horarios ya no son tan flexibles y vemos que María es una señorita que tiene habilidades muy buenas, las cuales puede utilizar para la obra. ¿Cuáles deberían ser los programas en los que deba estar involucrada a esta edad?

_____
_____
_____
_____

3. María ha crecido, superó su etapa de adolescencia y se mantuvo firme en su crecimiento espiritual, ahora entrará a la universidad, está decidiendo cosas muy importantes sobre su futuro. ¿Cómo la JNI con sus recursos puede fortalecer las habilidades de María?

_____
_____
_____
_____

4. ¡María se graduó de la universidad! Es toda una persona adulta a sus 24 años. Ha demostrado siempre un gran compromiso y disfruta mucho sirviendo al Señor. ¿Cuál es el paso siguiente que ella debe realizar en su vida ministerial?

_____
_____
_____
_____

Notas

Lección 7

TÉCNICAS DE CONSTRUCCIÓN

Objetivos
- Definir evangelismo, discipulado y liderazgo.
- Identificar actividades para un enfoque integral al ministerio juvenil.
- Proponer ideas para reorganizar el ministerio juvenil.

Ideas Principales
- El evangelismo trata principalmente sobre cómo tener una correcta relación con Dios y los demás.
- El discipulado forma nuestras vidas en el proceso de seguir a Jesús.
- Necesitamos desarrollar nuestro liderazgo mientras avanzamos en nuestra misión.

Introducción

Una técnica es una forma particular de completar cierta tarea, proyecto o prueba. En construcción, la técnica escogida es importante para lograr el resultado final deseado. La técnica correcta es aún más importante en el ministerio, pero frecuentemente no pensamos mucho en ello. Sin embargo, debemos tomar decisiones al respecto porque una técnica equivocada puede fácilmente desviarnos de nuestro propósito.

¿Qué pasaría si nuestro plan para el ministerio consistiera en mover a los jóvenes hacia una relación con Dios comprometida y profunda? Digamos que nos enfocamos en planes semanales usando solamente técnicas de entretenimiento porque queremos asegurar de que los jóvenes se diviertan y permanezcan comprometidos. Mientras el entretenimiento es una gran herramienta para "retener", si esa es la única técnica nos va a ser muy difícil cumplir con la meta, porque la vida cristiana demanda más de nosotros que simplemente estar entretenidos.

En esta lección vamos a explorar tres técnicas sólidas en las cuales podemos confiar cuando estamos construyendo un ministerio juvenil. Los líderes juveniles alrededor del mundo y, a través de la historia del ministerio juvenil en la Iglesia del Nazareno, ven estas tres técnicas tan importantes que incluso están escritas en cada Plan del Ministerio en el Manual de la JNI.

Evangelismo (SÉ)

En esta sección hablaremos de movilizar a los jóvenes en evangelismo.

¿Cuál es el concepto general que tiene la gente de tu iglesia sobre el evangelismo?

Muchos cristianos hoy en día no están comprometidos con el evangelismo. Ellos están ya sea desconectados de la idea de hablarle directamente a alguien sobre sus creencias, o se sienten demasiado inseguros sobre su habilidad para hablar acerca de su propia fe, y al final simplemente prefieren permanecer en silencio. La realidad, sin embargo, es que todos somos llamados a evangelizar. Lo que necesitamos es entenderlo de una forma más integral.

¿Cuál es nuestro propósito?

Como en todas las áreas de la vida cristiana, nuestro propósito debería estar alineado con el plan redentor de Dios. En Juan 3:16 claramente declara lo que mueve a Dios en su búsqueda de los perdidos: *"De tal manera amó Dios al mundo, que ha dado a su Hijo unigénito, para que todo aquel que en Él cree no se pierda, sino que tenga vida eterna"* (RVR 1995). Esto no es simplemente un conteo de cabezas; es amor puro y sacrificial que mueve el corazón de Dios hacia los perdidos.

Nuestros ministerios juveniles deberían ayudar a los jóvenes a entender el significado transformacional de su propia salvación. Cuando captamos el peso de lo que Dios ha hecho por nosotros, somos movidos a amar a Dios más profundamente y a nuestro mundo de una manera más libre.

¿Cuál es nuestra meta?

Sin pensarlo mucho, deberíamos de ser tentados a responder esta pregunta diciendo que nuestra meta es "salvar a las personas". Sin embargo, tal meta está completamente fuera de nuestra habilidad, porque solo Dios puede salvar. La meta del evangelismo es compartir las buenas nuevas que hemos recibido con otros. Para que el evangelismo que realizamos sea efectivo debemos vivir fielmente conforme al llamado de Dios. Una vida rendida en absoluta obediencia será el más efectivo testimonio. Nuestras acciones necesitan hablar tan fuerte (¡oh, más fuerte aún!) que nuestras palabras.

Evangelismo es...

Evangelismo, por lo tanto, trata sobre "ser/estar": estar siempre en una correcta relación con Dios y estar en una correcta relación con los demás. Por ello, la JNI usa el verbo en imperativo "Sé" para hablar sobre evangelismo. Si le permitimos a Dios formarnos, entonces estaremos listos para que Dios traiga hacia nosotros aquellas personas que están sedientas del mensaje de salvación.

Si le permitimos a Dios formarnos, entonces estaremos listos para que Dios traiga hacia nosotros aquellas personas que están sedientas del mensaje de salvación.

Como wesleyanos creemos que la gracia preveniente de Dios ya está trabajando en las vidas de las personas, llevándolas hacia la fe. Por consiguiente, cuando hacemos nuestro mejor esfuerzo para ser verdaderos y fieles seguidores de Cristo, reconocemos que nuestro papel es ser sensibles a la guía del Espíritu Santo y aceptamos su invitación a unirnos en el trabajo que Él ya está realizando. Por medio de este enfoque, cuando llegue el momento de hablar sobre nuestra fe y compartir nuestro testimonio con palabras, hablaremos con el corazón de un amigo de confianza y dentro de la orquestación del Espíritu Santo.

Discipulado (HAZ)

En esta sección comprenderemos mejor sobre cómo hacer verdaderos discípulos.

Discipulado es una palabra comúnmente usada en la iglesia, pero pocas personas parecen ser capaces de definirla. Aceptando totalmente la Gran Comisión de Jesucristo resucitado en Mateo 28:19-20, la declaración de misión de la Iglesia del Nazareno es "hacer discípulos a la imagen de Cristo en las naciones".

Puede parecer obvio, pero vale la pena notar que el llamado a hacer discípulos es la parte esencial en esta declaración. Si vemos la conversión como la meta final del evangelismo, entonces nuestras iglesias se llenarán con observadores casuales de la fe. Sin embargo, si la meta es discipulado de por vida, nuestras iglesias se llenarán con seguidores de Cristo comprometidos.

¿Cuál es nuestro modelo?

El ministerio de Jesús con sus discípulos es nuestro gran referente sobre cómo hacer discípulos. Luego de que Jesús llamó a los doce a seguirle, los discípulos caminaron con Él diariamente durante poco más de tres años durante su ministerio en esta tierra. Ellos vieron como Él amó a los pobres, a los quebrantados y a los marginados. Ellos vieron como Él tuvo compasión de los enfermos y los adoloridos. Ellos fueron formados con base en como Jesús vivió su vida. Ellos no lo captaron inmediata o perfectamente, pero gradualmente ellos fueron transformados. El libro de Hechos y las diversas epístolas dan testimonio de la poderosa forma en la cual el diario caminar con Jesús los cambió dramáticamente.

Lo mismo es cierto para nosotros. Como discípulos de Cristo debemos caminar diariamente con Él y buscar ser moldeados para ser más como Él. Debemos caminar con otros cristianos que sean más maduros en la fe para aprender de ellos y también deberíamos caminar con cristianos más jóvenes para que ellos aprendan de nosotros.

¿Cuál es nuestra meta?

Para Juan Wesley ser un cristiano significaba estar persiguiendo activamente el discipulado. El discipulado está comprendido por todas *"las prácticas que le permitan a la gente crecer en el conocimiento y amor de Dios y que puedan convertirse en comunidades de testimonio y servicio"* (Matthaei: 2000, p. 35). En nuestros ministerios juveniles deberíamos estar creciendo en nuestro conocimiento y amor de Dios y deberíamos estar ayudando a nuestros jóvenes a hacer lo mismo. Mientras caminamos diariamente con nuestros jóvenes, ¿les estamos ayudando a crecer para ser más como Cristo? ¿Platicamos con nuestros jóvenes para ayudarlos a reflexionar sobre sus opciones y a considerar cómo ellos pueden parecerse más a Cristo? Tal fidelidad e intencionalidad es lo que nos llevará a todos hacia la meta del discipulado: parecernos más a Jesús.

"El discipulado consiste en permitir que nuestras vidas sean formadas en el proceso de seguir a Jesús".

¿Cómo están haciendo discípulos en tu iglesia local? ¿En qué necesitamos mejorar para seguir el modelo de Jesús?

Discipulado es...

En la JNI afirmamos que *"el discipulado consiste en permitir que nuestras vidas sean formadas en el proceso de seguir a Jesús"*. Es en el quehacer del diario caminar con Jesús que nosotros somos formados para ser más como Él. Por esta razón la JNI utiliza la palabra "Haz" para hablar sobre discipulado, y es por ello que su logo incluye un grupo de huellas.

El discipulado no debe ser solamente algo que hacemos una vez por semana en la Escuela Dominical o en la reunión semanal de nuestro grupo. El discipulado es una jornada diaria con Jesús. El discipulado empieza con nuestra relación personal con Dios y debe propagarse a todas las demás relaciones. Si estamos totalmente rendidos y comprometidos podemos incluso atrevernos a decir junto con Pablo: "Sed imitadores míos, así como yo lo soy de Cristo" (1 Corintios 11:1, RVR 1995).

Desarrollo de Liderazgo (VE)

Finalmente vamos a ver cómo movilizar a los jóvenes a crecer y servir como líderes.

El tema del liderazgo es ampliamente investigado y discutido tanto en círculos seculares como religiosos. Como líderes cristianos no debemos aplicar principios seculares de liderazgo en nuestros ministerios juveniles sin examinarlos cuidadosamente para asegurarnos que están en línea con nuestros principios cristianos. El liderazgo secular frecuentemente se enfoca en una visión egocéntrica del éxito. El liderazgo cristiano se enfoca en darnos a nosotros mismos para el bienestar de otras personas.

¿Cuántos líderes han sido formados en el ministerio juvenil de tu iglesia local en los últimos cinco años?

¿Cuál es nuestro llamado?

En medio de un conflicto entre los discípulos acerca de posiciones de poder y prestigio, Jesús muestra la jerarquía radical de su reino: *"El que quiera hacerse grande entre vosotros, será vuestro servidor; y el que de vosotros quiera ser el primero, será siervo de todos, porque el Hijo del hombre no vino para ser servido, sino para servir y para dar su vida en rescate por todos"* (Marcos 10:43-45, RVR 1995). Este es nuestro llamado.

Como cristianos somos llamados a vivir primero para Dios y luego para los demás. Por ello el símbolo usado para desarrollo de liderazgo ("Ve") es una toalla y una palangana, las herramientas para la tarea más baja, asignada al sirviente más bajo. El verdadero liderazgo cristiano se basa en aceptar el papel de sirviente antes de considerar la estima asociada con el liderazgo: *"[Sacrificio] es la mentalidad que nos faculta para responder intuitivamente en un momento de decisión, de maneras que muestran una vida vivida al servicio de otros en lugar de cuidar nuestros propios intereses"* (Rowell: 2014, p. 63); tal sacrificio frecuentemente inicia con nuestro verdadero deseo de ir hacia donde Dios quiera enviarnos.

"*Sacrificio es la mentalidad que nos faculta para responder intuitivamente en un momento de decisión, de maneras que muestran una vida vivida al servicio de otros en lugar de cuidar nuestros propios intereses*" (Rowell).

Ningún líder juvenil honesto llega a sentir que lo tiene todo descifrado o resuelto. No podemos convertirnos en un líder si esperamos saberlo todo antes de empezar. El desarrollo del liderazgo tiene lugar en la marcha. Debemos ponernos en la posición de un aprendiz, y servir con una actitud humilde.

¿Cuál es nuestra meta?

En el ministerio juvenil nuestra meta como líderes debería ser doble. Primero, debemos esforzarnos para liderar de acuerdo con el modelo que nos dió Jesús. Debemos trabajar diligentemente para desarrollarnos como líderes caracterizados por ser siervos. En todo tiempo buscar simplemente ir y confiar en Dios para el equipamiento, sincronización y resultados. Cuando nos enfocamos en el ministerio juvenil confiando en la guía del Espíritu Santo, sabiendo que somos enviados y constantemente escuchamos, entonces estamos en la posición correcta para desarrollarnos como líderes a imagen de Cristo.

Ningún líder juvenil honesto llega a sentir que lo tiene todo descifrado o resuelto. No podemos convertirnos en un líder si esperamos saberlo todo antes de empezar. El desarrollo del liderazgo tiene lugar en la marcha. Debemos ponernos en la posición de un aprendiz, y servir con una actitud humilde.

Segundo, debemos continuar desarrollando a la juventud en nuestras iglesias para que puedan ser líderes siervos. No podemos engañarnos a nosotros mismos pensando que los jóvenes en nuestros ministerios juveniles pueden simplemente ser entretenidos y ocasionalmente desafiados, y que de esta manera ellos crecerán y se convertirán en líderes activos y comprometidos en sus iglesias. El ministerio juvenil no consiste solamente en lo que los adultos hacen por los jóvenes, es un ministerio con jóvenes que les brinda un lugar seguro para practicar, fallar, aprender y desarrollarse como líderes. Es un lugar donde sus corazones de servicio pueden ser nutridos y puestos a prueba para que ellos puedan aceptar el llamado cristiano enfocado en liderazgo de servicio. Ayudemos a nuestros jóvenes a discernir el llamado de Dios en sus vidas. Ayudémosles a entender qué significa decir sí a cualquier cosa que Dios nos pida. Permitámosles ir y liderar.

Desarrollo de liderazgo es...

El desarrollo de liderazgo, por consiguiente, va hacia donde fuimos enviados y hacia donde fuimos formados mientras íbamos por el camino. Por esta razón la JNI utiliza la palabra "Ve" para hablar sobre desarrollo de liderazgo. Hay un único tipo de formación que solamente puede ocurrir por medio de la práctica. No esperemos hasta que tengamos todo resuelto. No permitamos que nuestros jóvenes observen pasivamente a los adultos hacer "las cosas importantes de la iglesia". Ve, implica escuchar a Dios y humildemente servir donde quiera que Él nos pida. Es así como los líderes se desarrollan.

¿QUÉ APRENDIMOS?

Evangelismo, discipulado y liderazgo son técnicas sólidas y bíblicas sobre las cuales un ministerio juvenil debe ser formado. Éstas tres juntas proveerán un enfoque integral que moverá a nuestros jóvenes de ser solamente espectadores a ser líderes totalmente comprometidos en sus iglesias.

Actividades

INSTRUCCIONES:

1. En sus propias palabras escriba una definición funcional de evangelismo, discipulado y desarrollo de liderazgo, que pueda usar para estructurar el ministerio juvenil.

Evangelismo:

_____
_____
_____

Discipulado:

_____
_____
_____

Desarrollo de liderazgo:

_____
_____
_____

2. Juntos como clase desarrollen la siguiente actividad. En una pizarra o cartel dibujen tres columnas para evangelismo, discipulado, desarrollo de liderazgo.

   a. Escriban en cada una la lista de todas las actividades, eventos, tiempos de clase, proyectos de servicio, etc., que constituyen su ministerio juvenil actualmente, en la categoría donde mejor se ajusten.

   b. Al finalizar evalúen qué áreas están sub-representadas en su ministerio juvenil, cuáles son los áreas fuertes, y cuáles son las actividades que no serán útiles para la meta principal de mover a los jóvenes hacia una relación profundamente comprometida con Dios.

   c. Trabajen sobre la o las áreas sub-representadas y comiencen a pensar creativamente sobre cómo pueden fortalecer las áreas débiles en su ministerio juvenil.

3. Terminen con un tiempo en oración, presentando delante de Dios estas nuevas ideas. Pídan a Dios sabiduría y orientación mientras trabajan tanto en modelar evangelismo, discipulado y desarrollo de liderazgo para sus jóvenes. Pidan la guía del Espíritu Santo para ayudar a crecer a los chicos y chicas en éstas áreas clave de la fe.

Notas

Lección 8

DIRECCIÓN Y CUIDADO

Objetivos

- Caracterizar cuidado pastoral integral juvenil.
- Valorar la estrategia de los grupos pequeños.
- Saber aplicar el proceso de restauración, dirección y cuidado.

Ideas Principales

- Un ministerio de dirección y cuidado, es decir, de pastoral integral es urgente en las iglesias.
- El propósito principal del grupo pequeño es proveer cuidado pastoral y facilitar el crecimiento y la formación de sus miembros.

Introducción

Son muchos los jóvenes nacidos después de 1990 que pasan por el ministerio juvenil y no permanecen. Somos parte de una sociedad cambiante al ritmo de la tecnología pero que a la vez nos desafía a hacer cambios para atender a las necesidades de las nuevas generaciones.

Necesitamos hacer una evaluación y preguntarnos: ¿Por qué perdemos a los jóvenes? ¿Acaso no está nuestra iglesia proveyendo un ministerio de cuidado y atención especializado para ellos? Las respuestas pueden ser variadas y muchas, pero la verdad es que en muchos casos por descuido o abandono no se ha provisto un ministerio de atención juvenil integral.

El problema de muchas iglesias evangélicas en Latinoamérica es que enfocan sus ministerios juveniles en entretener. No brindan demasiada atención a los jóvenes después de su conversión, por lo tanto, su crecimiento y desarrollo espiritual carecen de fundamentos redundando en un estilo de vida débil y expuesto a grandes derrotas de toda índole.

Un ministerio de dirección y cuidado, es decir, de pastoral integral es urgente en las iglesias. Para poder atender mejor las necesidades y situaciones particulares de la juventud, se deben realizar acciones pastorales diferenciadas, integradas en acciones de pastoral de conjunto, unidad, compañerismo, consejería y discipulado intencionado; a lo cuál se le llama pastoral juvenil.

A través del tiempo, la acción evangelizadora y discipuladora de la iglesia hacia los jóvenes ha ido transformándose. Al cambiar las características culturales de las épocas, los instrumentos van perdiendo su validez y por ende son exigidos a ser renovados y adaptados para responder a una sociedad juvenil emergente.

Jesús dijo: *"Yo soy el buen pastor. El buen pastor da su vida por las ovejas"* (Juan 10:11). El liderazgo tiene como modelo la pastoral integral de Jesús, quién brindó hasta su vida en la búsqueda del bienestar total de la humanidad. Su ejemplo nos desafía a agotar todos los recursos, con el fin de proveer atención y cuidado a las personas. Necesitamos ser pastores que estén cercanos a ellas y en disposición para ayudarles en su viaje espiritual.

En esta lección vamos a estudiar una propuesta renovada y actualizada acerca de la dirección y cuidado pastoral juvenil; como una orientación segura para una pastoral integral.

Dirección y cuidado

En esta sección hablaremos sobre la necesidad de proveer dirección y cuidado.

¿Qué es la dirección? Dirección es la acción y efecto de dirigir a una persona hacía un término o lugar, proporcionándole una guía, brindándole reglas o principios para la vida y se hace por medio de la consejería u orientación.

¿A qué nos referimos con cuidado? El cuidado tiene su base en el hecho de que es Dios quien nos cuida, es ayudar a otros, con el objeto de incrementar su bienestar y evitar que sufra algún daño.

Como mencionamos en la introducción, hay una urgencia de brindar dirección y cuidado por medio de una pastoral de manera integral, es decir, atendiendo lo holístico de las personas en sus áreas biológica, psicológica, social y espiritual.

Todo joven tendrá que tratar constantemente con el problema y las consecuencias del pecado. Aunque en los últimos años muchos sicólogos, antropólogos y científicos han desacreditado la idea del pecado tildándola de idea pasada de moda, la existencia del pecado es real y sus efectos son terriblemente destructivos sobre la humanidad.

El mentor espiritual estará en condiciones de ayudar a los adolescentes y jóvenes a restaurar sus vidas que han sido destrozadas por los efectos del pecado. El pecado es personal y social, y el consejero tendrá ocasión de trabajar con los que han sentido los efectos personales y sociales en sus vidas.

Otras veces el líder espiritual tendrá un ministerio muy personal, ayudando a las personas a experimentar el perdón y el retorno a Dios, del que han estado alejadas por mucho tiempo.

La realidad insta en el hecho de que los jóvenes pasan por crisis y necesitan ser atendidos. Dios siempre estará cercano a ellos para brindarles su ayuda por medio de la gracia y su plan es que nos involucremos para que sean atendidos, comprendidos y restaurados.

Las necesidades de los adolescentes y jóvenes al no ser atendidas se convierten en crisis. Veamos algunas de ellas:

- **Económicas.** Las condiciones no son las mejores para competir con otros de su etapa –a quienes sus padres pueden brindarles lo que desean.

- **Biológicas.** Las condiciones a las que son vulnerables en cuanto a su salud, alimentación, y desarrollo.

Aunque en los últimos años muchos sicólogos, antropólogos y científicos han desacreditado la idea del pecado tildándola de idea pasada de moda, la existencia del pecado es real y sus efectos son terriblemente destructivos sobre la humanidad.

En tu experiencia cuáles son las tentaciones frecuentes con que luchan los adolescentes y jóvenes de tu grupo.

• **Identidad.** No hay una clara definición de quién es y por ende tiende a seguir modelos tanto negativos o positivos, mientras define su propia identidad.

• **Físicas.** Una preocupación seria en cuanto a su estatura, peso, acné, belleza, fealdad, volubilidad y aspectos relacionados con la salud (vista, audición, trastornos psicológicos).

• **Sexuales.** Una batalla seria con los deseos sexuales, aceptación de género, enamoramiento, pornografía y masturbación.

Cuando estas y otras necesidades están en las personas, se crea todo un marco de crisis, solicitando a gritos la ayuda de terceros.

La actual cultura juvenil

La sociedad actual se encuentra influenciada por la cultura postmoderna que trae sus modas, lo 'light', la tecnología, el hedonismo, el sincretismo, el ecumenismo, las dietas, los ejercicios y los antivalores.

Los jóvenes sufren un fuerte ataque de dichas ideas y a muchos de ellos el sistema termina absorbiéndolos.

En los países de la región, otro factor no menos importante es el aspecto pandilleril que ha captado la atención y el reclutamiento de una buena parte de la juventud, a esto se le suma la violencia familiar, los divorcios o el traslado de uno o ambos padres hacia el extranjero. Todo esto resulta en una generación muy vulnerable.

Son tiempos muy difíciles en los cuales les ha tocado vivir a los adolescentes y jóvenes, esto hace imprescindible la labor de la dirección y el cuidado en ambas etapas de la vida. Por lo tanto, es necesario conocer con mucha profundidad al mismo joven como ser humano, pero a la vez todo el entorno en el cual convive, para comprenderle mejor y poder brindarle ayuda integral. Es necesario conocer todo en referencia a la cultura juvenil actual, para poderles facilitar una atención de calidad.

Jesucristo como modelo pastoral

En esta sección veremos las características de la pastoral de Jesús.

El modelo bíblico de cuidado pastoral es contradictorio con la manera de pensar en una salvación individualista, somos llamados a cuidarnos los unos a los otros, como práctica de un amor santo.

En el Antiguo Testamento podemos observar el interés de Dios por guiar a jóvenes como Isaac, José, Josué, Samuel, David, Josías, Jeremías y Daniel. Todos ellos fueron destinatarios de su amor, cuidado, respaldo que los acompañó en los momentos más difíciles de su vida. Dios estuvo siempre a su lado sin abandonarlos.

Ya en el Nuevo Testamento nos encontramos con Jesús quien se revela como el buen pastor, quien ofreció su vida por el bienestar humano. La pastoral de Jesucristo tenía las siguientes características:

- ✓ Su modelo fue muy sencillo en cuanto al cuidado.
- ✓ Cercano a las personas.
- ✓ Sabía escuchar.
- ✓ Les hacía reconocer sus errores, flaqueza y pecados.
- ✓ Les invitaba a cambiar de dirección y a potenciar sus vidas.
- ✓ Sentía compasión por los demás y actuaba en consecuencia.
- ✓ Procuraba que la persona se amara y se valorizara a sí misma.
- ✓ Aceptaba a las personas tal como eran.
- ✓ Descubría sus necesidades, hablandoles personalmente.
- ✓ Ministraba con sus palabras.
- ✓ Les llevaba a ser responsables en su proceso de restauración.
- ✓ Les brindaba esperanza.
- ✓ Les animaba.
- ✓ Enfatizaba la paz mental.
- ✓ Aconsejaba a través de sus enseñanzas.
- ✓ Advertía y enfrentaba a los individuos.

"Yo soy el buen pastor. El buen pastor da su vida por las ovejas" (Juan 10:11).

Jesús formó pequeñas comunidades de discípulos, vivió y propuso un estilo de vida. Invitó a un seguimiento: "¡Sígueme!". Asimismo Jesús les sembró esperanza, les dio aliento, quitó sus temores y les impulsó a que fueran personas activas y dinámicas.

Todo liderazgo que pretenda ser de ayuda a los demás tendrá que realizar un estudio a la pastoral de Jesús en los evangelios, para seguir su modelo de atención y cuidado.

El perfil del pastor de jóvenes

En esta sección hablaremos del perfil requerido para la pastoral juvenil.

Esteban Obando en su libro: Manual práctico para consejería juvenil, hace la siguiente declaración: *"Es urgente que descentralicemos la figura pastoral y les demos a los líderes la posibilidad de ser también pastores de los jóvenes. La carga es muy pesada para llevarla solos"* (2010, p. 11).

¿Cuáles son las ventajas de contar en el equipo pastoral de la iglesia local con un pastor o pastora de Jóvenes?

Es necesario realizar un trabajo en equipo entre la generación X, que puede aportar experiencia y sabiduría y la generación emergente, que puede contribuir con su creatividad, e intencionalidad. Esto permitirá brindar una atención de calidad y alcanzar mejores resultados en la pastoral juvenil.

¿Cómo es el perfil de líder siervo necesario para realizar la dirección y el cuidado de los jovenes? Veamos algunas características:

- Lleno del Espíritu Santo
- Una vida irreprensible
- Un buen testimonio
- Humildad
- Sin egoísmo
- Paciente
- Estudioso
- Sano en la fe
- No un neófito
- Que sepa escuchar
- Un ejemplo vivo

Generación X: se refiere a las personas nacidas entre mediados de 1960 a mediados de 1980.

Los líderes escogidos deben ser personas que puedan articular la fe con la psicología, la sociología, la antropología y la teología, con el propósito de contar con un abanico de recursos, para que logren sistematizar el proceso de la dirección y cuidado.

Tambien deben saber emplear recursos didácticos para facilitar su rol como mentor o mentora, ya que los mismos se desempeñarán como facilitadores, guías espirituales, coaches, pastores... pero, sobre todo, amigos interesados en los problemas y necesidades de los muchachos.

Los grupos pequeños

En esta sección estudiaremos un modelo actual para la atención y cuidado.

"*Ámense unos a otros como hermanos, y respétense siempre* (Romanos 12:10).

El término "comunidad" se refiere a un conjunto de personas vinculadas por características o intereses en común. Cuando se trata de una comunidad cristiana estamos hablando de todas aquellas personas vinculadas por ese interés o pasión en común que es lógicamente Jesucristo. Las pequeñas comunidades de fe o grupos pequeños ha sido la estrategia que facilitó la expansión y el fortalecimiento de la iglesia primitiva, modelo que a la vez emplearon otros grupos cristianos a través de la historia, especialmente el movimiento de Juan y Carlos Wesley (metodismo con sus clases y bandas).

Los seguidores de Cristo somos comunidad porque nos necesitamos los unos a los otros. Sin la ayuda y compañerismo de un grupo de personas que crean y vivan lo mismo que nosotros, tendremos muchas dificultades tratando de mantenernos solos en la fe (1 Corintios 12:12-27).

Los grupos celulares o los grupos pequeños han llegado a ser la fortaleza de muchas iglesias alrededor del mundo. Los grupos celulares son emocionantes porque proporcionan un lugar donde las personas pueden compartir sus vidas unos con otros, brindar dirección y cuidado de forma integral y cercana. En estos las personas pueden alcanzar a los que no son creyentes sin utilizar tácticas de evangelización de alta presión y los creyentes pueden crecer y convertirse en nuevos líderes.

La meta de este tipo de grupo es construir relaciones más profundas entre los chicos y el adulto facilitador y ayudarlos a vivir de acuerdo con la Palabra de Dios en sus vidas (Polich).

Los propósitos que se deben alcanzar bajo la estructura de los grupos pequeños son:

Un grupo pequeño es:	Contextualización
Equipo de intercesión	Buscar la comunión con Dios
Equipo apacentado	Comprometido con el cuidado y desarrollo mutuo
Equipo discipulador	Formación espiritual
Equipo pastoral	Atención y seguimiento
Equipo con pasión por los amigos	Atraer a los amigos a la fe (Mateo 28:19)
Equipo con pasión multiplicadora	Crecimiento personal y numérico

Un pequeño grupo es una reunión intencional, cara a cara, que puede variar en la cantidad de involucrados y se reúne regularmente para lograr una meta común. El propósito principal de esta estrategia es proveer cuidado pastoral y facilitar el crecimiento y la formación de sus miembros.

En su libro: Grupos pequeños, Polich escribe: *"La meta de este tipo de grupo es construir relaciones más profundas entre los chicos y el adulto facilitador y ayudarlos a vivir de acuerdo con la Palabra de Dios en sus vidas"* (2013, p. 12).

Hacia una eficaz dirección y cuidado juvenil

En esta sección veremos cómo restaurar, dirigir y proveer cuidado a los jóvenes.

Una pastoral juvenil integral se caracteriza por restaurar, dirigir y cuidar. Vamos a ver a continuación en qué consiste cada una de estas practicas del liderazgo juvenil.

Lección 8 - Dirección y cuidado

Restaurar a las personas a la comunión con Dios, con su entorno y consigo mismas siempre trae consecuencias positivas. El propósito de la vida cristiana puede resumirse en aprender a amar. Dios quiere que los jóvenes aprendan a cuidarse los unos a otros.

En el proceso de discipulado los jóvenes deben aprender a amar como Dios ama. Para muchos de ellos será difícil porque han sido lastimados por situaciones que han vivido en su familia, en la sociedad y hasta en la iglesia.

En nuestro ministerio debemos conocer los pasos que debemos dar para restaurar a estas personas:

1. Hablar con Dios antes que con la persona.

2. Tomar la iniciativa siempre.

3. Ser comprensivo.

4. Llevar a la persona a reconocer su situación y hacerle ver que no todo está perdido.

5. Atacar al problema, no a la persona.

6. Cooperar tanto como podamos.

7. Hacer hincapié en la restauración, no en la solución.

En cuánto a dar dirección y cuidado de los jóvenes estos deben ser nuestros propósitos:

1. Reducción de ansiedad.

2. Lograr mayor objetividad.

3. Creciente concepto de ellos mismos.

4. Mejor concepto de Dios.

5. Creciente semejanza a Cristo en actitud y comportamiento.

6. Capacidad para expresar la fe cristiana en el servicio.

El liderazgo pastoral juvenil debe ayudar a los adolescentes y jóvenes a que se restauren para que se integren a la vida y actividades de la iglesia, pero sobre todo para que crezcan en su relación personal con Jesucristo.

¿Qué Aprendimos?

Es urgente implementar un ministerio de dirección y cuidado pastoral integral para los jóvenes de las nuevas generaciones. Necesitamos desarrollar líderes conforme al modelo de cuidado de Jesús y promover los grupos pequeños como estrategia para de restauración, dirección y cuidado.

Actividades

INSTRUCCIONES:

1. Escriba en sus propias palabras una definición de pastoral integral juvenil.
_____
_____
_____
_____

2. En parejas respondan: De las características del ministerio pastoral de Jesús… ¿Cuáles necesitamos implementar con urgencia en nuestro ministerio juvenil?
_____
_____
_____
_____

3. Describa las ventajas que ofrecen los grupos pequeños para facilitar una pastoral integral a los adolescentes y jóvenes.
_____
_____
_____
_____
_____

4. Como clase trabajen juntos respondiendo a las siguientes preguntas:

   a. ¿Qué necesitamos mejorar en nuestra pastoral juvenil para que realmente sea una pastoral de cuidado, dirección y restauración para nuestros adolescentes y jóvenes?

   b. ¿Cómo podríamos implementar o ampliar (si ya la tenemos) la estrategia de los grupos pequeños?

   c. ¿Qué tipo de formación necesitamos proveer a los líderes de estos grupos?

   d. ¿Qué recursos necesitamos proveer a dichos líderes?

_____
_____
_____
_____
_____

Notas

Evaluación Final

Tiempo 15'

CURSO: EN CONSTRUCCIÓN

Nombre del alumno/a: _____
Iglesia o centro donde estudia: _____
Distrito: _____
Profesor/a del curso: _____
Fecha de esta evaluación: _____

1. ¿Cuáles son las ventajas de planificar estrategicamente la agenda del ministerio juvenil?

_____
_____
_____
_____
_____

2. Mencione un nuevo recurso/programa para el ministerio juvenil que aprendió en este curso.

_____
_____
_____
_____
_____

3. ¿Qué hará a partir de hoy acerca de su responsabilidad para discipular a otros jóvenes?

_____
_____
_____
_____
_____

4. ¿Qué aprendió en la práctica ministerial del curso?

_____
_____
_____
_____
_____

5. En su opinión ¿Cómo se podría mejorar este curso?

_____
_____
_____
_____
_____

Bibliografía

Libros:

Díaz F., Jorge Enrique. *Los Llamados a Enseñar.* Editorial Mundo Hispano, El Paso, Texas, EE.UU.

Gay, Milton. *Plan de vuelo.* Guatemala, JNI Región Mesoamérica, 2013.

George, Carl F., y Logan, Robert E. *Leading and Managing Your Church.* Grand Rapids: Fleming H. Revell Company, 1987.

Iglesia del Nazareno. Manual/2013-2017. *Iglesia del Nazareno, Historia, Constitución, Gobierno y Ritual.* Lenexa, Mo: CNP, 2013.

Juventud Nazarena Internacional, Región Mesoamérica. *Manual Reactivo.* Guatemala, 2015.

Knight III, Henry H. y F. Douglas Powe, Jr. *Transforming Evangelism: The Wesleyan Way of Sharing Faith.* Nashville. TN: Discipleship Resources, 2006.

Malphurs, Aubrey. *Planeamiento estratégico.* Buenos Aires: Peniel, 2006.

Malphurs, Aubrey. *Realidades del ministerio.* Michigan: Portavoz, 2008.

Matthaei, Sondra Higgins. *Making Disciples: Faith Formation in the Wesleyan Tradition.* Nashville, TN: Abingdon Press, 2000.

Mckain, Larry. *Enamórese de la Iglesia.* Versión Castellana Alexander Madrigal. New Church Especialties.

Obando, Esteban. *Manual práctico para consejería juvenil.* Miami: Vida, 2010.

Polich, Laurie. *Grupos pequeños y células de impacto.* Miami: Vida, 2013.

Ortiz, Félix. *Raíces, pastoral juvenil en profundidad.* Miami: Vida, 2008.

Rowell, Jeren. *Thinking | Listening | Being: A Wesleyan Pastoral Theology.* Kansas City, MO: Beacons Hill Press, 2014.

Páginas web:

Academia. Edu. *El pastor su agenda y su vida espiritual.* Consultado el 21 Abril 2016 de: www.academia.edu/.../EL_PASTOR_SU_AGENDA_Y_SU_VIDA_ESPI

Diccionario Internacional.com. *Reenfoque.* Consultado 17 de febrero de 2016 de http://diccionario-internacional.com/definitions/?spanish_word=refocus

Enrique Monterroza.com. *La Agenda de Dios.* Consultado 21 de Abril de 2016 de: http://www.enriquemonterroza.com/la-agenda-de-dios.html

La Oficina20.com. *Historia de la agenda.* Consultado 14 de mayo de: www.laoficina20.com/muy-interesante/productos/historia-de-la-agenda/

Nazarene Youth International (2013). Be. Do. Go. Resources. Consultado el 10 de mayo de 2016 en: http://nyitoday.org/nyi/bedogo-resources*

Pimentel Villalaz, Luis. *Introducción al concepto de Planificación estratégica.* Documento en PDF. Septiembre de 1999. Consultado 10 de. Mayo de 2018 de: www.sld.cu/galerias/doc/.../introduccion_al_concepto_de_planificacion_estrategica

Poulette, Dennis. *Como levantar fondos para el ministerio juvenil.* Consultado 15 de mayo de 2018 de: http://ministeriojuvenil.com/2011/08/31/levantar-fondos/

Significado de Agenda 7Graus. Consultado 21 de Abril de 2016 de: http://www.significados.com/agenda/

Wikipedia. *Agenda Personal.* Consultado 21 de Abril 2016 de: https://www.google.com.gt/#q=que+es+un+agenda

www.ingramcontent.com/pod-product-compliance
Lightning Source LLC
Chambersburg PA
CBHW080941040426
42444CB00015B/3400